Martin Herrmann

Stereotype Threat im deutschen Klassenzimmer

Zwischen mangelnden Ressourcen und institutioneller Diskriminierung

Diplomica® Verlag GmbH

Herrmann, Martin: Stereotype Threat im deutschen Klassenzimmer: Zwischen
mangelnden Ressourcen und institutioneller Diskriminierung, Hamburg, Diplomica
Verlag GmbH 2012

ISBN: 978-3-8428-9077-0
Druck: Diplomica® Verlag GmbH, Hamburg, 2012

Bibliografische Information der Deutschen Nationalbibliothek:
Die Deutsche Nationalbibliothek verzeichnet diese Publikation in der Deutschen
Nationalbibliografie; detaillierte bibliografische Daten sind im Internet über
http://dnb.d-nb.de abrufbar.

Die digitale Ausgabe (eBook-Ausgabe) dieses Titels trägt die ISBN 978-3-8428-4077-5
und kann über den Handel oder den Verlag bezogen werden.

Dieses Werk ist urheberrechtlich geschützt. Die dadurch begründeten Rechte,
insbesondere die der Übersetzung, des Nachdrucks, des Vortrags, der Entnahme von
Abbildungen und Tabellen, der Funksendung, der Mikroverfilmung oder der
Vervielfältigung auf anderen Wegen und der Speicherung in Datenverarbeitungsanlagen,
bleiben, auch bei nur auszugsweiser Verwertung, vorbehalten. Eine Vervielfältigung
dieses Werkes oder von Teilen dieses Werkes ist auch im Einzelfall nur in den Grenzen
der gesetzlichen Bestimmungen des Urheberrechtsgesetzes der Bundesrepublik
Deutschland in der jeweils geltenden Fassung zulässig. Sie ist grundsätzlich
vergütungspflichtig. Zuwiderhandlungen unterliegen den Strafbestimmungen des
Urheberrechtes.

Die Wiedergabe von Gebrauchsnamen, Handelsnamen, Warenbezeichnungen usw. in
diesem Werk berechtigt auch ohne besondere Kennzeichnung nicht zu der Annahme,
dass solche Namen im Sinne der Warenzeichen- und Markenschutz-Gesetzgebung als frei
zu betrachten wären und daher von jedermann benutzt werden dürften.

Die Informationen in diesem Werk wurden mit Sorgfalt erarbeitet. Dennoch können
Fehler nicht vollständig ausgeschlossen werden, und der Diplomica Verlag, die Autoren
oder Übersetzer übernehmen keine juristische Verantwortung oder irgendeine Haftung
für evtl. verbliebene fehlerhafte Angaben und deren Folgen.

© Diplomica Verlag GmbH
http://www.diplomica-verlag.de, Hamburg 2012
Printed in Germany

Inhalt

1. Einleitung 9
2. Migration und Bildung 11
   2.1. Migration und ethnische Gruppen 11
      2.1.1. Migration 11
      2.1.2 Ethnie, Ethnizität, Identität 12
      2.1.3. Assimilation 17
      2.1.4 Zusammenfassung 22
   2.2. Bildungsungleichheiten von SchülerInnen mit Migrationshintergrund 22
      2.2.1. Bildung und Sozialisation 23
      2.2.2. Soziale Ungleichheit 24
      2.2.3. Bildungsungleichheiten von MigrantInnen 25
      2.2.4. Zusammenfassung 28
3. Ansätze zur Erklärung von Bildungsungleichheiten der Kinder mit Migrationshintergrund. 31
   3.1. Mangelnde kulturelle Passung zum Bildungssystem 31
      3.1.1. Soziabilisierung, Enkulturation und Akkulturation 31
      3.1.2. Sozialisation und Bildungsproblematik von SchülerInnenn mit Migrationshintergrund 35
      3.1.3 Kritik 37
   3.2. Humankapitaltheoretischer Erklärungsansatz 40
      3.2.1. Ökonomisches, kulturelles und soziales Kapital: Kapitalsorten 40
      3.2.2. Human- und inkorporiertes kulturelles Kapital 43
      3.2.3 Humankapital und Bildungspositionierung von Kindern mit Migrationshintergrund 45
      3.2.4 Kritik 47
   3.3. Institutionelle Diskriminierung 49
      3.3.1. Institutionen und Organisationen 49
      3.3.2. Legitimation und Isomorphie 52
      3.3.3 Organisationen als lose „gekoppelte Systeme" 54
      3.3.4. Institutionelle Diskriminierung 56

3.3.5. Institutionelle Diskriminierung und Bildungspositionierung von
SchülerInnen mit Migrationshintergrund... 57
3.3.6. Kritik 59
3.4. Zwischenfazit.. 62

4. Die Erklärung von Bildungsungleichheiten von SchülerInnen mit Migrationshintergrund durch Stereotype Threat. 67

4.1. Stereotype und Vorurteile... 67
4.2. Soziale Kategorisierung, Fremdgruppe und Eigengruppe.................................... 68
4.3. Stereotype Threat.. 69
4.4. Stereotype Threat und Bildungsungleichheiten von SchülerInnenInnen mit
Migrationshintergrund 72

**5. Replikation der Studien von Steele und Aronson (1995) für
ein deutsches Sample... 77**

5.1. Methode 78
  5.1.1. Untersuchungsdesign 78
  5.1.2. Stereotypaktivierung 81
  5.1.3. Stereotype Threat Messung.. 82
  5.1.4. Messung der Richtung verschiedener Stereotype 83
5.2. Ergebnisse... 85
  5.2.1. Testergebnisse und Stereotype Threat 86
  5.2.2. Richtung der Stereotype... 89

6. Fazit 93

Literatur... 99

Abbildungsverzeichnis

Abbildung 1 Bildungsverlauf anhand der Sozialisation oder mangelnder Ausstattung mit Kontext relevanten Kapitalien 62
Abbildung 2 Bildungsverlauf durch organisationale Mechanismen 64
Abbildung 3 Gruppenmittelwerte der Gesamttestleistung der TeilnehmerInnen verschiedener Herkunft unter der Bedingung: Stereotyp aktiviert und Stereotyp nicht aktiviert 87
Abbildung 4 Graphische Darstellung der mittleren Häufigkeit genannter positiver, negativer und neutraler Wörter für die Kategorien griechische, türkische und deutsche Jugendliche 91

Tabellenverzeichnis

Tabelle 1 Gruppenmittelwerte der Gesamttestleistung der TeilnehmerInnen verschiedener Herkunft unter der Bedingung: Stereotyp aktiviert und Stereotyp nicht aktiviert.. 87

Tabelle 2 Mittlere Häufigkeit genannter positiver, negativer und neutraler Wörter für die Kategorien griechische und türkische Jugendliche 90

1. Einleitung

In der Rede der Integrationsbeauftragten des Bundes Maria Böhmer heißt es am 08.10.2010 im Bundestag: "Das zentrale Ergebnis des Lageberichts ist: Die Integration in Deutschland gewinnt an Fahrt, aber wir müssen noch an Tempo und Intensität zulegen! Fortschritte sind bei Sprache, Bildung und Ausbildung zu verzeichnen. Das Bildungsniveau der jungen Migranten hat sich von 2005 bis 2008 erhöht. Ein großer Teil der jungen Migranten besucht zwar noch die Hauptschule. Aber immer mehr Migranten erreichen auch einen mittleren Schulabschluss oder das Abitur. Alarmierend ist nach wie vor die hohe Zahl der Schulabbrecher: 13 Prozent im Vergleich zu 7 Prozent bei den Jugendlichen ohne Migrationshintergrund. Das ist weit entfernt von der Zusage der Länder im Nationalen Integrationsplan, bis 2012 die Quote deutlich zu senken. Hier sind die Länder gefordert. Wenn individuelle Förderung in den Schulen gelingen soll, brauchen wir mehr Lehrkräfte, mehr Schulsozialarbeiter und mehr Zeit – das heißt mehr Ganztagsschulen."

Wenn seit PISA (2000), SchülerInnen aus Migrantenfamilien nur geringfügig in der Lage sind, sich besser im deutschen Bildungssystem zu positionieren und die Schulabbruchsquoten relativ gleich geblieben sind, sind dann vorhandene Erklärungsansätze in der Lage die unterschiedlichen Bildungspositionierungen der SchülerInnen mit Migrationshintergrund hinreichend zu erklären? Sind damit einhergehende Vorstellungen kompensatorischer Pädagogik geeignete Formen diesen Bildungsverschiedenheiten zu begegnen? Bietet vielleicht Stereotype Threat einen besseren Ansatz, Bildungsungleichheiten von SchülerInnen mit Migrationshintergrund zu erklären?

Diese Fragen sollen im folgendem geklärt werden. Dazu wird in einem ersten Schritt operationalisiert, was unter dem Begriff Migranten und Ethnie zu verstehen ist. Weiter wird dargestellt welche Mechanismen im Zusammenleben zwischen Majorität und Minorität und welche Vorstellungen dieses Zusammenlebens existieren. Hiernach wird geklärt was unter dem Begriff Bildung zu verstehen ist und wie sich die Bildungspositionierungen der SchülerInnen mit Migrationshintergrund aktuell darstellt.

Das dritte Kapitel wird ein Ausblick auf den aktuellen Diskurs zu diesem Thema geben. Hier soll untersucht werden, ob existierende Erklärungsansätze in der Lage sind, bestehende Bildungsungleichheiten der Schüler und Schülerinnen mit Migrationshintergrund zu erklären. Dazu werden exemplarisch drei sehr verschiedene Perspektiven untersucht, die die Problemlagen der Kinder mit Migrationshintergrund im deutschen Bildungssystem aus sehr verschiedenen Blickwinkeln betrachten.

Im Kapitel vier soll geklärt werden, ob sich der Ansatz Stereotyp Threat, besser als die hier untersuchten Theorien, dazu eignet die Bildungsungleichheiten der SchülerInnen mit Migrationshintergrund zu erklären. Dies ist dann der Fall, wenn mit dieser Perspektive offen gebliebene Fragen beantwortet werden können und sich die bereits existierenden Ergebnisse in die Theorie einordnen lassen. Dazu wird das Phänomen „Stereotype Threat" erläutert. Weiter wird an dieser Stelle versucht ein Modell zu skizzieren, das Kernbefunde der vorher erläuterten Modelle aufnimmt und in ein Modell, das den Mechanismen der Institutionen und die Bedingungen der MigrantInnen gleichermaßen berücksichtigt, überträgt.

So soll im fünften Kapitel eine Replikation der Studien von Steele und Aronson erfolgen. Hier soll untersucht werden, ob Stereotype Threat auch bei SchülerInnen mit türkischem Migrationshintergrund zu finden ist. Die Untersuchung ist explorativer Natur und versucht eine Replikation der Studien von Steele und Aronson(1995) für ein deutsches Sample. Hier wird der Versuchsaufbau erläutert und Anpassungen am Untersuchungsdesign erklärt. Nachfolgend werden die Ergebnisse deskriptiv und analytisch dargestellt. Mit dem Experiment soll untersucht werden, ob SchülerInnen mit türkischem Migrationshintergrund weniger leistungsfähig sind wenn, eine Situation so wirkt, als ob die ethnische Zugehörigkeit bei der Leistungsbewertung eine Rolle spielt. Ist dies der Fall, könnte sich Stereotype Threat zur Erklärung der Bildungsungleichheiten von SchülerInnen mit Migrationshintergrund eignen.

In Kapitel sechs werden die Ergebnisse der Studie noch einmal zusammengefasst. Darüber hinaus soll bewertet werden, ob sich kompensatorische pädagogische Maßnahmen eignen, den Defiziten von SchülerInnen mit Migrationshintergrund zu begegnen und wie ein weiteres Vorgehen der Forschung in der Stereotype Threat Perspektive verlaufen könnte.

2. Migration und Bildung

2.1. Migration und ethnische Gruppen

Wanderungen von Menschengruppen sind keine neuen oder postindustriellen Erscheinungen, sie sind Bestandteil jeder Kultur zu jeder Zeit auf der Welt. Nur Ursachen und Form der Wanderungen sind in heutigen Zeiten andere als zur Zeit der Völkerwanderung, weshalb es wichtig ist darzustellen, was heute unter dem Begriff Migration verstanden wird.

2.1.1. Migration

In der deutschen Literatur wird, wie in der englischen, auf das Wort Migration zurückgegriffen, um einen Prozess zu fassen, zu dem es keine einheitliche Definition gibt (Oswald, 2005: S.13). Allen Klärungsversuchen, die sich mit der Eingrenzung und Definition des Prozesses „Migration" beschäftigen, liegt jedoch eines zu Grunde, Migration bedeutet zunächst einmal ein dauerhafter Wohnortwechsel (Han, 2005:7; Oswald, 2007: S.13, Bundesministerium des Inneren, Bundesamt für Migration und Flüchtlinge, 2007: S.14). Zudem versteht Oswald darunter, eine mit dem Wohnortswechsel einhergehende Verlegung des Lebensmittelpunktes, also eine „Veränderung des sozialen Beziehungsgeflechts" und „Grenzerfahrungen" (Oswald, 2007: S.13 f.). Sie beschreibt fünf Bereiche mit mehreren Elementen, die einen Lebensmittelpunkt konstituieren: Wohnung, Familie, Arbeit/ Einkommen, soziales Netz, kulturelle und politische Orientierung (Oswald, 2007: S.15). Migration geht einher mit einer Änderung von diversen Elementen in diesen fünf Bereichen.

Die Ursachen der Migration sind unterschiedlicher Natur, so können bei der Wanderung/ Wanderungsentscheidung „Push" und „Pull" Faktoren eine Rolle spielen. „Dies meint am Beispiel der Arbeitsmigration, daß[!] die Aussicht, Arbeit und Einkommen zu finden, ein Pull-Faktor ist,..."(Korte, Schäfers, 1997: S. 89). Pull-Faktoren für Migration sind als Sogfaktoren, als Ursachen die den Migrationsstrom anziehen, zu verstehen (Han, 2005: S. 15). Während Push-Faktoren „... unzureichende Lebensbedingungen der Heimatregion..."(Korte, Schäfers, 1997: S.89) wären, nach Han Druckfaktoren die den Migrationsstrom in eine bestimmte Richtung drücken. Unter Migrationsstrom ist eine gerichtete Wanderung von einem Auswanderungs-, hin zu einem Einwanderungsort zu verstehen (Han, 2005: S.10). Migration kann jedoch auch durch andere Ursachen entstehen, wie zum Beispiel auf Grund von Kettenmigration. Bei dieser Art der Migration ermöglichen ErstmigrantInnen/ PioniermigrantInnen ihren Familienangehörigen oder Bekannten die Nachreise ins Aufnahmeland (Han, 2005: S.12). Die nachkommenden MigrantInnen werden mit Informationen und Hilfen bedacht, so dass hemmende Faktoren die bei der Verlegung des Lebensmittelpunktes abschreckend wirken könnten, reduziert werden.

Nach Han und dem Migrationsbericht des Bundesministeriums für Inneres, wird Migration weiter unterschieden in Binnenmigration (die Verlegung des Lebensmittelpunktes innerhalb nationalstaatlicher Grenzen) und Internationaler Migration - die Verlegung des Lebensmittelpunktes über nationalstaatliche Grenzen hinaus (Han, 2005: S. 9; Bundesministerium des Inneren, Bundesamt für Migration und Flüchtlinge, 2007: S.14). Menschen und Gruppen die innerhalb von Staaten wandern, stehen vor anderen Problemen und Ausgangssituationen, als MigrantInnen die ihren Wohnort und den Schwerpunkt sozialer Beziehungen über Staatsgrenzen hinaus verlegen. Internationale MigrantInnen besitzen beispielsweise einen anderen Rechtsstatus als Autochthone. Humankapital das im Herkunftsland akkumuliert wurde, erfährt im Zielland eine vollständige oder Teilentwertung oder MigrantInnen haben auf Grund der Sozialisation im Ursprungsland, im Empfängersystem Probleme mit dem Umgang vorhandener Strukturen, Werten und Normen und haben häufig mit Diskriminierung zu kämpfen.

BinnenmigrantInnen sind in der Regel von weniger weitreichenden Änderungen betroffen. Sie erhalten leichter Zugang zu interessanten Gütern als internationale MigrantInnen, da sie ihren Lebensmittelpunkt innerhalb nationalstaatlicher Grenzen verlegen. Darum sind sie weniger von dem oben skizzierten Problemgefüge betroffen Die Veränderungen die mit der Migration einhergehen sind jedoch für Angehörige unterschiedlichen Migrationshintergrundes verschieden. Der nächste Abschnitt betrachtet daher, warum Menschen unterschiedlichen Ethnien gehören.

2.1.2 Ethnie, Ethnizität, Identität

Wie sehr sich Binnenmigration und internationale Migration in den Ausgangslagen und Problemsituationen voneinander unterscheiden, lässt sich anhand der Eingrenzung der Begriffe Ethnie, Ethnizität und ethnische Identität illustrieren. Weiter lassen sich in diesem Kontext, die im letzten Kapitel getroffenen Aussagen näher betrachten.

Ethnische Gruppen sind nach Barth Kategorien, die durch Selbst- und Fremdzuschreibung entstehen und dazu dienen, Interaktionen zwischen Menschen zu organisieren (1969:S.10). Die traditionelle Definition von ethnischen Gruppen jedoch orientiert sich an vier Punkten und folgt der Proposition, dass Rasse einer Kultur entspricht und damit einer Sprache und Gesellschaft. Diese Einheit kann so zurückweisen und zurückgewiesen werden, aber auch diskriminieren oder diskriminiert werden. So verstandene ethnische Gruppen zeichnen sich dadurch aus, dass sie sich zum ersten biologisch selbst erhalten und zum zweiten fundamental gleiche kulturelle Werte teilen. Diese (drittens) gemeinsamen kulturellen Werte, eröffnen ein gemeinsames Feld der Kommunikation und Interaktion und machen viertens über Mitgliedschaften den einzelnen Akteur, für die eigene und andere ethnische Gruppen identifizierbar (Barth, 1969: 10f.).

Da davon ausgegangen wird, dass sich diese Gruppen biologisch selbst generieren und so auch die kulturelle Basis, die sie teilen (gemeinsame Geschichte, Sprache, Religion, etc.), sind die Ursachen der Probleme von aufeinander treffenden ethnischen Populationen in ihrer kulturellen Unterschiedlichkeit zu finden. Die Frage nach der Art und Weise, wie sich Gesellschaften und Gruppen organisieren, um kommunikations- und interaktionsfähig zu bleiben, ist eine nachrangige, da dies kulturell festgeschrieben ist. Dies erklärt jedoch nicht, warum Zugehörigkeit zu ethnischen Gruppen einmal mehr und einmal weniger von Bedeutung ist.

Angehörige einer Mehrheitsgesellschaft müssen im Alltag nicht reflektieren welcher Ethnie sie angehören, da es für sie keinen Grund gibt dies zu tun. Mitgliedschaften in Nationalstaaten sind an die Staatsbürgerschaft gebunden. Nationalstaat ist hierbei die Einheit, an die die Sprache der Staatsbürger, Staatsbürgerschaft, Gemeinschaft und Teilhabe geknüpft ist (Riley, 1992: S. 180f.). Wer Mitglied des deutschen Nationalstats ist, ist im Grundgesetz Artikel 116 beschrieben. Die oben genannten Regelungen gelten für alle Staatsbürger innerhalb der Grenzen des Nationalstaates, und da sie die Teilhabe regulieren, müssen Staatsbürger nicht wissen wer dazu gehört. Sie sind vielmehr bestrebt zu wissen, wer kein Mitglied des Nationalstaates ist und an den Rechten und Pflichten nicht partizipieren darf, um die Verteilung von zur Verfügung stehenden Ressourcen unter Zugangsberechtigten zu organisieren. Akteure der Mehrheitsgesellschaft, die ihren Lebensmittelpunkt innerhalb der Grenzen ihres Nationalstaates verlegen, sind nicht von einer Änderung ihres Rechtsstatus betroffen, da sie den Geltungsbereich ihrer Staatsbürgerschaft nicht verlassen. Sie haben trotz Migration einen

Anspruch auf Zugang zu wertvollen Gütern, die durch die Institutionen des Nationalstaates verwaltet und angeboten werden. Kinder internationaler MigrantInnen können jedoch die Staatsbürgerschaft des Aufnahmelandes erhalten. Dadurch gehören sie formal nicht mehr den Gruppen an, die von den Rechten und Pflichten im Nationalstaat ausgeschlossen sind. Zur Identifizierung der Gruppen die exkludiert werden können, konstruieren Akteure einer Mehrheitsgesellschaft deshalb Ethnien.

Dass im Aufnahmeland nicht allein an der Staatsbürgerschaft festgemacht wird, wer die dazugehörigen Privilegien genießen darf und wer nicht, und dass Ethnie konstruiert und nichts Biologisches ist, sollen folgende Beispiele illustrieren: Einige Mitglieder der Mehrheitsgesellschaft werden trotz Staatsbürgerschaft nicht als gleich betrachtet. Juden zum Beispiel leben seit Generationen in Deutschland, teilen mit der Mehrheitsgesellschaft fundamentale kulturelle Werte und werden dennoch mitunter als Juden wahrgenommen. Ebenso werden Schwarze, obwohl sie keinerlei Kontakt zu anderen Schwarzen besitzen, ihre Sozialisation und Lebensgestaltung im vollem Umfang unter Weißen stattgefunden hat, noch als Zugehörige schwarzer Ethnien wahrgenommen und so behandelt (Weiß, 2001: S. 91). Aussiedler in Deutschland, werden im Aufnahmeland als Gruppe der russischen oder polnischen (… etc.) Ethnie wahrgenommen und im Herkunftsland als Zugehörige der deutschen Ethnie.

Schon George Orwell hat 1945 in seinem Werk „Animal Farm" festgestellt: „ Alle … sind gleich, aber einige sind gleicher"(Orwell, 1945). So lassen diese Beispiele vermuten, dass die Zugehörigkeit zu einer ethnischen Gruppe weitaus mehr ist, als die biologische Ähnlichkeit und der Zugang zu einer gemeinsamen kulturellen Basis. Die Zuordnung einzelner Akteure und Gruppen zu einer Ethnie ist vielmehr das Ergebnis eines konstruierenden Prozesses (Barth 1969: S. 14 ff), die Ethnizität.

Geht man wie Barth davon aus, dass nicht das Biologische und Kulturelle, Ethnien und damit die Zugehörigkeit determinieren, sondern dass der ausschlaggebende Grund, warum dieser Bund entsteht und zusammen hält, die Bestimmung von Mitgliedschaft ist und die damit verbundenen Rechte auf Status und Sicherheit in den Gruppen, sowie die Behinderung anderer Gruppen am Zugang zu wertvollen Ressourcen, so ergibt sich eine ganz andere Sicht auf dieses Phänomen und seine Persistenz. Die daraus resultierende Definition der ethnischen Gruppe, müsste also folgendermaßen lauten:

1. Die ethnische Gruppe bietet eine Mitgliedschaft, anhand derer sich Akteure identifizieren und identifiziert werden können. Die Mitgliedschaft ist die ethnische Identität und diese „… implies a series of constraints on the Kinds of roles an individual is allowed to play, and the partners he may choose for different kinds of transactions. In other words, regarded as a status, ethnic identity is superordinate to most other statuses, and defines the permissible constellations of statuses, or social personalities, which an individual with that identity may assume"(Barth, 1969: S. 16).

2. Diese gegenseitige Zuordnung, erfolgt durch ein Bekenntnis zu gemeinsamen kulturellen Werten. Diese kulturellen Werte entsprechen jedoch nicht unbedingt objektiven Unterschieden, vielmehr entsprechen sie Basiswerten, Faktoren die Mitglieder ethnischer Gruppen, als für sie relevant empfinden. So können sich diese grundlegenden gemeinsamen Werte im Laufe der Zeit auch ändern. „… cultural features are used by actors as signals and emblems of differences, others are ignored, and in some relationships radical differences are played down and denied." (Barth, 1969: S.14)

3. Die Dichotomisierung[1] von Mitgliedschaften zu einem ethnischen Bund, aufgrund des Bekenntnisses zu gemeinsamen Werten, ermöglicht die Strukturierung von Interaktion und Kommunikation in sozialen Systemen. „… ethnic categories provide an organizational vessel that may be given varying amounts and forms of content in different socio-cultural systems. They may be of great relevance to behavior, but they need not be;…"(Barth, 1969:S. 14)

Während Barth annimmt, dass Akteure einer Gesellschaft sich selbst einer Ethnie zuschreiben, in dem sie sich zu als relevant empfundenen Basiswerten bekennen, gehen andere Autoren davon aus, dass die Zugehörigkeit zu einer Ethnie durch Machtbeziehungen bestimmt ist. Heckmann argumentiert zum Beispiel, dass die Zugehörigkeit zu einem ethnischen Bund erst dann für die Organisation sozialer Bindungen notwendig wird, wenn diese sich in einem nationalstaatlichen Interaktionsraum konstituieren. „Während der Territorialstaat tendenziell gleichgültig gegenüber der ethnischen Zugehörigkeit seiner Bevölkerung war und seine Einheit durch die Institutionen des Monarchen ideologisch absicherte, erstrebt der Nationalstaat die Übereinstimmung von staatli-

---

[1] Mit Dichotomisierung ist hier der Prozess der In- und Exklusion gemeint. Entweder gehört man zu einer ethnischen Gruppe oder zu einer anderen. MigrantInnen die scheinbar zwischen zwei ethnischen Gruppen stehen, wie zum Beispiel deutsch-türken, bilden, da sie sich weder der einen Ethnie noch der anderen zugehörig fühlen, eine eigenständige ethnische Gruppe.

cher Organisation und ethnischer Zugehörigkeit seiner Bevölkerung."(Heckmann, 1992: S. 60). Erst die Bildung von Nationalstaaten machte die soziale Organisation von Kommunikation und Interaktion durch Bildung ethnischer Einheiten nötig und möglich. Wie Wimmer schreibt: „The elite of a newly established national state may promote the aggregation of different ethnic groups into one national family in order to give legitimacy to their project of state centralization and administrative control over the population. Individuals of varying ethnic background may find this vision acceptable and thus slowly identify as members of the nation, overshadowing existing ethnic boundaries, because it allows them to claim equal treatment before the law where access to justice previously depended on one's social status and wealth;…"(2005: S. 62). Die Inklusionsfähigkeit von Nationalstaaten kann sich jedoch im Zeitverlauf durch die Änderung der politischen Ausrichtung eines Staates, durch Eroberung, als Folge einer Wirtschaftskrise etc. ändern. Benötigt ein Nationalstaat einen Modus, um geringe Ressourcen auf die in ihm lebende Bevölkerung zu verteilen, passt er die Bedingungen der Mitgliedschaft zu relevanten ethnischen Gruppe an. Im Kontext knapper Ressourcen und dem so erschwerten Zugang für bestimmte Teile der Bevölkerung, kommt es zu einer Rückbesinnung auf gemeinsame Wurzeln (Wimmer, 2005: S. 64). Rassenzugehörigkeiten werden wichtiger und Mitgliedschaft sichert den Zugang zu vorhandenen Ressourcen. So geschieht die Grenzziehung zwischen Ethnien durch einen Prozess, in dem Abgrenzende und Abgegrenzte im gleichen Maße beteiligt sind.

Grenzziehungen zwischen Rassen innerhalb eines Nationalstaates erfolgen dann, wenn es einen geringen Konsens über gemeinsame Werte gibt und die Macht des Nationalstaates[2] nicht ausreicht dies zu kompensieren (Wimmer, 2005: S. 68). Dies führt zur Bildung ethnischer Minderheiten, die beim Zugang zu wertvollen Gütern diskriminiert werden können (Heckmann, 1992: S. 729). Ethnie, Ethnizität und die Identifizierung mit den Gruppen, sind im Hinblick auf die Möglichkeiten eines Zusammenlebens unterschiedlicher Rassen in einem Nationalstaat, gerade weil Ethnie ein übergeordneter Status askriptiven Typs ist, bei der Betrachtung ungleicher Verteilungen von wertvollen Gütern enorm wichtig und können einen Beitrag leisten, Ursachen sozialer Ungleichheit von MigrantInnen zu erklären.

---

[2] Macht des Nationalstaates meint hier Leistungen und Ressourcen die ihm zur Verfügung stehen und durch ihn verwaltet werden

2.1.3. Assimilation

Aus unterschiedlichsten Beweggründen verlassen Menschen ihre Heimat, um sich an einem neuen Ort niederzulassen. In Deutschland wurde im Zeitraum von 1991 bis 2007 ein Zuzug von etwa 16,5 Millionen Menschen aus dem Ausland registriert. Im gleichen Zeitraum bei einem Fortzug von circa 12,3 Millionen Menschen aus Deutschland in das Ausland, ergibt sich ein insgesamt Wanderungssaldo von 4,2 Millionen (Bundesministerium des Innern, Bundesamt für Migration und Flüchtlinge, 2007: S.15). Über 17 Jahre hinweg sind mehr Menschen nach Deutschland eingewandert als ausgewandert, dieser Trend wurde in keinem Jahr seit 1991 gebrochen. Die Zahl der Zuzüge ist jedoch seit 1992 rückläufig und hatte 2006 ihren Tiefstand mit 661.885 Zuzügen erreicht (Bundesministerium des Innern, Bundesamt für Migration und Flüchtlinge, 2007: S.16). Die Anzahl der Einwanderungen stieg von 2006 bis 2007 mit circa 20.000 Zuzügen nur leicht wieder an. Zuzüge wie in den frühen neunziger Jahren, mit Spitzenwerten von rund 1,4 Millionen Einwanderern wie zuletzt 1992, sind heute nicht mehr zu finden. Wurden in der ersten Hälfte der neunziger Jahre wesentlich mehr Zu- als Fortzüge registriert, so ist seit 1997 eine stetige Angleichung zu beobachten. „Die durchschnittliche Aufenthaltsdauer aller in Deutschland Ende 2007 aufhältigen Ausländer betrug 17,7 Jahre...." (Bundesministerium des Innern, Bundesamt für Migration und Flüchtlinge: S. 182).

In einer globaler werdenden Welt, in der immer mehr transnationale Organisationen agieren, wird der Ort an dem sich das Individuum aufhält, relativiert (vgl. Albrow, 1998). Durch die Technisierung, die Umsetzung wissenschaftlichen Fortschritts in Technik, relativieren sich Entfernungen. Die Welt wird zu einem globalen Dorf (vgl. McLuhan, 1997) und die Mobilität der einzelnen Akteure wird immer bedeutungsvoller. Unter diesen Vorzeichen, ist die Erkenntnis wie Menschen trotzdem sie ihren Lebensmittelpunkt verlegen immer noch gleichberechtigt Zugang zu wertvollen Ressourcen erhalten und soziale Beziehungen organisiert werden können, enorm wichtig. Im Folgenden wird deshalb, der Gedanke der Assimilation und die damit einhergehenden verschiedenen Modelle betrachtet.

Frühe Assimilationsmodelle gehen von unterschiedlichen Faktoren bei der Assimilation aus, hierarchisch organisierte Faktoren, bei denen harte (Zugang zu ökonomisch Ressourcen zum Beispiel) wesentlich ausschlaggebender beim Zusammenwachsen von Mehr- und Minderheitsgesellschaften sind, als sogenannte weiche Faktoren (religiöse, kulturelle Gemeinsamkeiten). MigrantInnen orientieren sich eher an ökonomischen Ressourcen, die ihnen die Gestaltung des eigenen Lebens ermöglichen, dadurch sind weiche Faktoren weniger relevant.

Das erste Assimilationsmodell geht auf die Assimilationsstudien der „Chicago School"(Oswald, 2007: S. 94) zurück. Assimilation von lat. assimulatio bedeutet Gleichstellung, hier Angleichung oder Ähnlichmachung. In der Ethnologie- und Politiksoziologischen Literatur, steht der Begriff für den Prozess der Angeleichung einer Minderheit an eine Mehrheitsgesellschaft (Hillmann, 2007: S.53). Den Ergebnissen dieser Studien zufolge, kann sich eine erste Zuwanderergeneration nur akkommodieren, also anpassen (Oswald, 2007: S. 94). „ Die zweite Generation muss den unvermeidlichen Konflikt zwischen Herkunfts- und Zielkultur aushalten, da sie sowohl den Werteerwartungen der Eltern als auch denen der neuen Gesellschaft, insbesondere in der Schule und in der Nachbarschaft, entsprechen soll. Erst in der dritten Generation kann dieser allmähliche Akkulturationsprozess mit der Assimilation an die Aufnahmegesellschaft enden." (Oswald, 2007: S. 94). Dieser Prozess des *race-relation-cycle* war somit der Unterbau für die damalige amerikanische Vorstellung des *melting pot,* eines Schmelztiegel der Kulturen, in dem kulturelle Unterschiede über Generationen hinweg in die Mehrheitsgesellschaft eingeschmolzen werden würden. Dies war eine neue versöhnlichere Vorstellung des sozialen Miteinanders von Mehrheits- und Minderheitsgesellschaften und stand gegen die Überzeugung einer Überlegenheit der Kernkultur (core culture) oder dem Prinzip der anglo-conformity (Oswald, 2007: S. 94). Im Laufe der folgenden Jahre wurden immer nuancenreichere Assimilationsmodelle entworfen, jedoch ist die Idee der Einebnung kultureller und ethnischer Unterschiede im vollen Umfang, nicht haltbar. Diese Modelle sind heute empirisch wiederlegt. Zum Beispiel durch dauerhaft auftretende Segregation und Nationalstaaten, in denen das Zusammenleben, das Miteinander unterschiedlicher Kulturen friedlich stattfindet. Weiter findet überall auf der Welt eine Wiederauferstehung der Ethnizität statt, dies spricht ebenfalls gegen ein traditionelles Assimilationsmodell und die damit einhergehende Vorstellung des *meltin-pot* (Oswald, 2007: S. 95 f.).

Neuere Assimilationsmodelle gehen von angleichenden Prozessen in unterschiedliche Richtungen aus. Sie versuchen dem wieder Erstarken der Ethnien Rechnung zu tragen in dem sie annehmen, dass Assimilation in unterschiedliche Richtungen verlaufen kann und letzten Endes die Angleichung an eine von mehreren Gruppen eines

Systems bedeutet. Zhou spricht hier von segmentierter Assimilation: „...‚this theory places the process of becoming American, in terms of both acculturation and economic adaption, in the context of a society consisting of segregated and unequal segments and considers this process to be characterized by at least three possible multidirectional patterns: time-honored upward mobility pattern dictating acculturation and economic integration into normative structures of middle-class America; the downward mobility pattern, in the opposite direction, dictating acculturation and parallel integration into the underclass; and economic integration into middle-class America with lagged acculturation and deliberate preservation of the immigrant community's values and solidarity" (Zhou, 1999: S. 201).

Sie unterscheidet zwischen zwei Faktoren, die die Richtung der Assimilation beeinflussen. Zum einen den individuellen Faktor, dieser beinhaltet Elemente wie Bildung, Sprachfertigkeiten, Aufenthaltsdauer, etc. Zum anderen Kontext oder strukturelle Faktoren wie zum Beispiel: Rassenzugehörigkeit, sozioökonomischer Hintergrund der Familie, etc.(Zhou, 1999: S. 201). Diese Faktoren zeigen den Akteuren Assimilationsmöglichkeiten auf, Wege um sich an existierende Gruppierungen in einer Gesellschaft anzugleichen. Je nach Ausgangslage sind einige Möglichkeiten für die Individuen einfacher zu realisieren als andere. „ If a socially defined racial minority group wishes to assimilate but finds that the normal paths of integration are blocked on the basis of race, the group may be forced to pursue alternative survival strategies that enable them to cope psychologically with racial barriers but do not necessarily encourage school success." (Zhou, 1999:S 206).

Problematisch ist in der Konzeption der segmentierten Assimilation die Annahme, dass die angebotenen Möglichkeiten der Eingliederung nicht nur in eine konstruierte ethnisch Gruppe stattfindet, sondern in eine Gruppe die weiter durch Zugehörigkeit unterschiedlicher Klassen oder Schichten geteilt ist. Diese Betrachtungsweise verstellt sich die Perspektive, dass die Ursachen segmentierter Assimilation Ergebnis unterschiedlicher Offerten erfolgreicher vertikaler Statusmobilität sein kann. Eine Angleichung an eine ethnische Minderheit muss nicht unbedingt mit einer Abwärtsmobilität, einer Mobilität in eine niedere Klasse oder Schicht, zusammen hängen. Zhou stellt fest, dass Ethnien unterschiedliche Klassen/ Schichtsegmente aufweisen. Unter diesem Gesichtspunkt ist es wahrscheinlich, dass Assimilation in eine ethnische Minderheit (hoher Grad an Identifizierung, Übernahme relevanter Werte und Normen) deswegen erfolgt, weil diese Minderheiten den Akteuren höhere Chancen erfolgreicher Statusmobilität offerieren als die Aufnahmegesellschaft.

Dass MigrantInnen nicht unbedingt in einzelne Schichten ethnischer Minderheiten assimilieren, haben Waldinger und Feliciano 2003 herausgestellt: Kernpunkte einer Unterschicht oder niederen Klasse sind hohe Armut und niedrige Beschäftigungsquoten. Die Autoren konnten jedoch feststellen, dass Mexikanerinnen relativ arm sind, die Beschäftigungsquote jedoch enorm hoch ist. Werden nur die Einkommensverhältnisse und Beschäftigungsquoten männlicher MigrantInnen betrachtet, können die ursprünglichen Thesen von Zhou aufrecht erhalten werden. Sobald jedoch nach Geschlecht differenziert wird ist ersichtlich, dass mexikanische Frauen weitaus seltener von Langzeitarbeitslosigkeit betroffen sind als weiße Frauen(S.26 f.). Dies spricht gegen die Assimilation in eine Unterschicht der MigrantInnen.

Die Relevanz der Zugehörigkeit zu einer Gruppe ist jedoch nicht zu aller erst die Schichtzugehörigkeit sondern viel mehr, wie oben bereits ausgeführt, die Ethnie, weil diese ein superordinaler Status ist. Es ist davon auszugehen, dass in Gruppen ethnischer Minderheiten, ähnlich wie in den Aufnahmegesellschaften, soziale Hierarchiestrukturen existieren. MigrantInnen entscheiden sich für die Eingliederung in die Aufnahmegesellschaft oder die Minderheit aufgrund der Schwierigkeiten die ihnen begegnen, während sie versuchen, interessante Ressourcen zu akquirieren. Dieser Grad der Schwierigkeiten, bemisst sich anhand der Ausprägungen individueller und struktureller Faktoren. Der ethnische Raum, der Sicherheit und Status nicht auf Grund der zur Verfügung stehenden Ressourcen gewährt, sondern auf Grund der Zugehörigkeit zu einer ethnischen Gruppe, kann unter bestimmten Vorrausetzungen, eher Chancen auf vertikale Mobilität innerhalb dieser Gruppe vermitteln als die Option der Eingliederung in die Mehrheitsgesellschaft. Bei der Wahl der Eingliederung in eine ethnische Gruppe geht es also nicht um die Wahl der Klasse/Schicht einer Ethnie, sondern um die Wahl unterschiedlicher Chancen auf erfolgreiche vertikale Statusmobilität, die keine Wahl ist, sondern eine durch die genannten Faktoren, vorstrukturierte Entscheidung. Die Frage die sich für MigrantInnen stellt ist nicht, ob sie sich in eine untere oder obere Klasse/Schicht eingliedern, sondern ob sie eher in der Lage sind, die soziale Hierarchie in der ethnischen Minderheit oder in der Mehrheitsgesellschaft zu überwinden. Damit rückt die Grenzziehung zwischen Ethnien in einem Nationalstaat in das Zentrum der Betrachtung.

Wie in Kapitel 2.1.2. bereits skizziert, sind an der Konstruktion ethnischer Zugehörigkeit mehr als nur die betroffenen ethnischen Gruppen beteiligt. Alba macht 2005, vier Felder aus in denen sich die Grenzen zwischen den Gruppen konstituieren und an Hand derer sich für ethnische Minderheiten relevante, wichtige Werte und Normen für die Identifizierung der Mitglieder der jeweiligen Gruppen konstituieren. Grundlegend ist das Feld der Staatsbürgerschaft zu nennen, hier wird eröffnet, wer kein Mitglied der Mehrheitsgesellschaft ist(S.29). MigrantInnen die nicht die deutsche Staatsbürgerschaft besitzen, benötigen ein anderes Refugium. Die Grenzziehung durch Staatsbürgerschaft eröffnet so nicht nur die nicht Zugehörigkeit ethnischer Minderheiten zur Aufnahmegesellschaft, sondern auch die Zugehörigkeit zu einer Gruppe der nicht gleich Berechtigten. Das zweite Feld das Alba skizziert ist das Feld der Religion. „The role of religiously drawn boundaries in western European societies appears paradoxical since, in many ways, their mainstream is overtly secular" (Alba, 2005: S.32). Obwohl die europäische Mehrheitsgesellschaft weniger religiös, sondern eher säkular orientiert ist, wählt sie zur Abgrenzung gegenüber Einwanderern christliche Werte, da sie diese in ihrer Historie verwurzelt sieht. So sind nun drei Gruppen voneinander unterschieden. Die Mehrheitsgesellschaft, die sich über Staatsbürgerschaft und in Europa über christliche Werte definiert. Sowie Nicht-Staatsbürger die sich über islamistische Werte definieren oder Nicht-Staatsbürger die säkulare/ christliche Werte zum konstituierenden Moment ethnischer Gruppen machen. Diese Gruppen differenzieren sich immer weiter, im Feld der Sprache und Rassenzugehörigkeit (erkennbare äußere Unterschiede) (Alba, 2005:S. 35 ff.).

Wie ist bei so ausdifferenzierten Gruppen ein Wechsel oder doppelte Mitgliedschaft möglich? Alba führt für Prozesse, in denen die Mitgliedschaft der Akteure organisiert wird, die Begriffe *bright* und *blurred boundaries* ein. „… boundaries are `bright´- the distinction involved is unambiguous, so that individuals know at all times which side of the boundary they are on. Others are `blurry´, involving zones of self-presentation and social presentation that allow for ambiguous location with respect to the boundary." (Alba, 2005: S. 22). Je nach Ausprägung struktureller und individueller Faktoren wird die Mitgliedschaft zu einem ethnischen Bund relevant oder eben nicht. Sind diese Faktoren für den Akteur ungünstig ausgeprägt wirkt die Relevanz der Zugehörigkeit *Bright*. Die Zugehörigkeit zu diesem Bund ist für den Akteur enorm wichtig, da ihm eine andere Zugehörigkeit nicht den gleichen Raum an Sicherheit und Chancen bietet. Unter dem Aspekt der Ausprägung relevanter Faktoren und dem Grad der Grenzziehung zwischen den Ethnien, entscheiden sich Akteure in welche der existierenden Gruppen sie sich eingliedern wollen. Dabei ist es auch denkbar, dass es Gruppen gibt die aufgrund struktureller und individueller Faktoren, durch Minderheitsgruppen und Mehrheitsgesellschaft Grenzziehungsprozesse erfahren. Diese münden dann in Gruppen von Mischethnien zum Beispiel der Ethnie der Deutsch-Türken, Deutsch-Russen, etc.

2.1.4 Zusammenfassung.

Ethnizität findet im Diskurs über Bildungsungleichheiten von MigrantInnen derzeit wenig Beachtung, der Begriff der Ethnie ist in Ansätzen zu finden, die Bildungsungleichheiten mit mangelnder kultureller Passung erklären. Diese Ansätze gehen jedoch nicht von einem konstruktivistischen Ethnien Begriff aus und sind nicht in der Lage schlechte Bildungspositionierungen von MigrantInnen umfänglich zu erklären. Die Berücksichtigung von Ethnizität könnte schlechte Schulerfolge von Kindern mit Migrationshintergrund vielleicht besser erklären. Wenn SchülerInnen aus Migrantenfamilien regelmäßig Prozessen der Abgrenzung ausgesetzt sind und persönliche und strukturelle Faktoren nicht derart ausgeprägt sind, dass diese Abgrenzungsprozesse überwunden werden können, erfahren Akteure eine Aufwertung der Relevanz ethnischer Zugehörigkeit. Das Bedrohungsgefühl negativen Stereotypen in Leistungssituationen zu entsprechen könnte einen Mechanismus darstellen, der durch strukturelle und persönliche Faktoren überwunden werden muss. Sind die Ausprägungen der Rahmenbedingungen für die Akteure ungünstig, kann auf Grund der Wirkung von „Stereotype Threat", die Relevanz der Zugehörigkeit zu einer ethnischen Minderheit an Bedeutung gewinnen. Dies soll an der Bildungsungleichheit von MigrantInnen untersucht werden.

2.2. Bildungsungleichheiten von SchülerInnen mit Migrationshintergrund

Um einen Überblick über die tatsächliche Benachteiligung von SchülerInnen mit Migrationshintergrund zu erhalten ist es erforderlich, die aktuelle Situation der SchülerInnen hinsichtlich der Bildungspositionierung im deutschen Schulsystem, der tatsächlich erreichten Bildungsabschlüsse und Ergebnisse vorhandener Leistungsuntersuchungen näher zu betrachten. Im folgendem wird dargestellt was unter Bildung, Sozialisation und Ungleichheit zu verstehen ist. Anschließend werden aktuelle Befunde zur Bildungsungleichheit von SchülerInnen mit Migrationshintergrund betrachtet.

2.2.1. Bildung und Sozialisation

„Der Bildungsbegriff entstammt einem normativ-idealistischen Umfeld, das auch bei der heutigen Nutzung stets mitschwingt. Gleichzeitig ist Bildung in der modernen Gesellschaft eine Ressource Jenseits normativer Vorstellungen, was einen gebildeten Menschen ausmacht, gibt es einen bodenständigen Verwertungsprozess von Bildungsinhalten und Bildungszertifikaten, welcher für die moderne Gesellschaft konstitutiv ist." (Löw, 2006: S. 19). Wie Löw feststellt, haftet Bildung etwas normativ-idealistisches an, das sich an das griechische Konzept der Paideia anlehnt: Die Vollkommenheit von Leib und Seele (Löw, 2006: S.20). War früher Bildung die Fähigkeit, gesellschaftliche Geschehnisse kommentieren, mitreden zu können, sind Bildungsinhalte in heutigen Gesellschaften essentieller Natur. Essentiell, weil der Grad der Bildung eine Ressource darstellt, die verwertet und genutzt werden kann, um an andere interessante Ressourcen zu gelangen. Bildung bedeutet heute, akkumuliertes, für die Gesellschaft in der sich die Akteure befinden, relevantes Wissen und die Fähigkeit/ den Willen sich ändernde Bildungsinhalte immer neu anzueignen. Bildung und Sozialisation besitzen denselben Charakter, sie beschreiben die Entwicklung eines Akteures aus unterschiedlichen Perspektiven, meinen aber unterschiedliche Dimensionen und Praktiken der Aufnahme von Wissen und müssen so voneinander abgegrenzt werden.

„ Während über Bildung in aktiver Auseinandersetzung mit den Kulturgütern Reflexivität und Handlungsfähigkeit erzielt werden sollen, beschreibt Sozialisation den Vorgang der aktiven Aneignung der gesellschaftlichen Güter ebenso mit dem Effekt der Reflexivität und Handlungsfähigkeit."(Löw, 2006: S. 23). Bildung bedeutet, dass sich Akteure aktiv mit Bildungsangeboten auseinander setzen durch die sie Reflexivität und Handlungsfähigkeit erlangen sollen. Relevante Bildungsangebote werden dabei durch kulturelle Rahmenbedingungen determiniert.
In unterschiedlichen Gesellschaften sind auf Grund unterschiedlicher kultureller Rahmenbedingungen andere Bildungsinhalte geeigneter; um im Akteur die gewünschte Reflexivität und Handlungsfähigkeit auszubilden. Entscheidend ist im Punkt Bildung die aktive Auseinandersetzung. Das Ergebnis der Sozialisation ist ähnlich, jedoch wird dieses Ergebnis durch einen passiven Vorgang erreicht. Sozialisation ist ein lebenslanger:

"… Prozess, in dem das Soziale das menschliche Handeln formt." (Löw, 2006: S.22). Wie Löw weiter feststellt, ist Sozialisation ohne Bildung möglich, Bildung ohne Sozialisation jedoch nicht (Löw, 2006: S. 23).

2.2.2. Soziale Ungleichheit

Der Zugang zu wertvollen Ressourcen wie z.B. materiellen Wohlstand ist in postindustriellen Gesellschaften stark von Bildungszertifikaten abhängig. Gleichberechtigte Chancen vom Bildungsangebot zu profitieren, ist in diesen Gesellschaften immens wichtig, denn nur gute Bildungszertifikate, gute Bewertungen erbrachter Leistungen (zum Beispiel durch Noten oder Bescheinigungen über den Erwerb bestimmten Wissens), ermöglicht den Menschen in diesen Gesellschaften einen besseren Zugang zu anderen wertvollen Ressourcen wie größeren materiellen Wohlstand, Zugang zu mehr Macht und/ oder Prestige. Diese oben genannten wertvollen Güter sind nach Hadril (2005) und Solga, Berger und Powell (2008) die vier grundlegenden oder Basisdimensionen sozialer Ungleichheit. Ungleichheiten bei der Verteilung von Bildungszertifikaten oder Benachteiligungen bei Schulübergangsempfehlungen zum Besuch besser qualifizierender Bildungsinstitutionen bedeuten ungleiche Startchancen beim Zugang zu wertvollen Gütern. Bildung ist eine essentielle Dimension sozialer Ungleichheit die den Zugang zu Ressourcen anderer Basisdimensionen sozialer Ungleichheit prägt.

Soziale Ungleichheit ist die gewollte und/oder ungewollte regelmäßige Benachteiligung von Akteuren im Interaktionsgefüge von Menschen bei der Verteilung von in diesen Gefügen als wertvoll erachteten Ressourcen. (Vgl. Hadril, 2005; Solga, Berger und Powell, 2008; Beck, 2003). „"Soziale Ungleichheit" [Hervorhebung i.O.] liegt dann vor, wenn Menschen aufgrund ihrer Stellung in sozialen Beziehungsgefügen von den „wertvollen Gütern" [dto.] einer Gesellschaft regelmäßiger mehr als andere erhalten." (Hradil, 2005: S.30). Diese Ungleichheit impliziert ein besser-/ schlechter- oder ein höher-/tiefer- gestellt einiger Akteure gegenüber anderen. Gruppen die von der Verteilung der in diesen Gesellschaften als wertvoll erachteten Ressourcen weniger oder mehr profitieren als andere, sind beschrieben durch Determinanten sozialer Ungleichheit.

Als Determinanten gelten nach Hradil und Solga, Berger, Powell soziale Positionen von Menschen in Beziehungsgeflechten (Hradil, 2005:S. 34; Solga, Berger, Powell, 2008:S.16). Diese Merkmale können ascribed (zugeschrieben) oder achieved (durch Geburt erhalten) sein. Jedoch können beide Formen „… vom Einzelnen nicht oder kaum beeinflusst werden..." (Solga, Berger, Powell, 2008:S.17). Ascribed-Merkmale sind zum Beispiel: Bildung, Beruf, Familienstand, während achieved-Merkmale zum Beispiel: Geschlecht, Herkunft –regional/ sozial- Alter etc. sind. Diese Determinanten sind Ansatzpunkte gesellschaftlicher Mechanismen und Prozesse zur Konstruktion sozialer Ungleichheiten in ihren unterschiedlichen Dimensionen.

Hradil schreibt 2005, dass hinsichtlich sozialer Ungleichheit zwei Strukturierungsarten zu unterscheiden sind. Zum einen, eine ungleiche Verteilung von wertvollen Gütern unter allen betroffenen Menschen (zum Beispiel: Verteilung des Erwerbseinkommens auf Grund unterschiedlicher Qualifikation). Zum anderen die „...Ungleichheit zwischen Gruppierungen, deren Zugehörigkeit vom einzelnen nicht beeinflusst werden kann." (Hradil, 2005: S.30).

Die Ungleichverteilung von Bildungsressourcen ist zugleich Determinante von Ungleichheiten beim Zugang zu anderen wertvollen Ressourcen, wie materieller Wohlstand, Macht oder Prestige und damit einhergehend, weiteren Dimensionen wie Arbeits-, Wohn-, Umweltbedingungen etc.. MigrantInnen in Deutschland sind hinsichtlich der meisten Ressourcenverteilungen in den unterschiedlichen Ungleichheitsdimensionen benachteiligt. Ebenso bei der wichtigsten Ressource postindustrieller Gesellschaften, der Bildung.

2.2.3. Bildungsungleichheiten von MigrantInnen

MigrantInnen im deutschen Bildungssystem sind unterschiedlich einzuordnen, so gibt es MigrantInnen erster Ordnung, die in einem anderen Land als Deutschland geboren wurden und dann hierher gewandert sind. Ebenso gibt es MigrantInnen 2. Ordnung, bei denen mindestens ein Elternteil im Ausland geboren wurde, die Kinder jedoch sind im Aufnahmeland geboren und haben ihre Sozialisation hier erfahren. Im folgendem soll umfänglich von SchülerInnen oder Kindern mit Migrationshintergrund gesprochen werden, unter diesem Begriff sind MigrantInnen erster und zweiter Ordnung subsummiert. (Diefenbach, 2008: S.20)

Die Bildungsbenachteiligungen von SchülerInnen mit Migrationshintergrund werden über verschiedene Indikatoren gemessen. Diefenbach gibt eine Übersicht über die Möglichkeiten der Erfassung von Bildungsungleichheiten. Insgesamt gibt es drei Ebenen auf denen sich diese Ungleichheit messen lassen kann:

1. Über Bildungsbeteiligung darunter sind weitere Elemente subsummiert. So geben schulformbezogene Anteilswerte Auskunft über die Verteilung dieser Gruppe in den unterschiedlichen Schulformen. Bildungsbeteiligungsquoten geben Auskunft über die Verteilung der Kinder mit Migrationshintergrund an den Schulformen im deutschen Bildungssystem. Ebenso ist durch den relativen Risiko-Index messbar, ob es für bestimmte Gruppen ein erhöhtes Risiko gibt eine bestimmte Schulform zu besuchen (Diefenbach, 2008: S. 14 f.)

2. Durch Schulleistungen, darunter sind die Elemente Schulnoten, Punktzahlen in Leistungstests und Grundschulempfehlungen subsummiert. (Diefenbach, 2008:S.16 f.)

3. Durch Bildungserfolge, diese werden durch formal erreichte Bildungsabschlüsse, Notendurchschnitt und Abschlussprüfungen gemessen (Diefenbach, 2008: S. 17f.).

Grundlagen der Messergerbnisse sind unterschiedliche Datensätze, zum einen die amtliche Statistik. Sie lässt einen wenig differenzierten Blick auf die Bildungssituation von SchülerInnen mit Migrationshintergrund zu. Dort wird zwar nach „deutsch" und „nicht deutsch" unterschieden, auch ist ein Blick auf die Nationalität der Ausländer möglich, jedoch ist ein Migrationshintergrund nicht erfasst. Eine umfängliche Darstellung der tatsächlichen Ist- Situation ist mit diesem Datensatz nicht möglich, ebenso fehlen sozioökonomische Informationen (Diefenbach, 2008: S. 23). Surveys sind Überblicksstudien (Hillmann, 2007: S. 876), sie befragen in regelmäßigen Abständen denselben Personenkreis und haben mit Panelmortalität zu kämpfen. Das bedeutet, dass über die Zeit hinweg immer weniger Befragte bereit sind an der Studie teilzunehmen. Hinzu kommt, dass beispielsweise im „Sozioökonomischen Panel" ausländische Bevölkerungsgruppen überproportional erfasst sind. Jedoch geben Surveys detaillierter Auskunft über den sozioökonomischen Hintergrund von Kindern mit Migrationshintergrund (Diefenbach, 2008: S. 24ff). Für Schulleistungsmessungen eignen sich am besten Lernstanderhebungen wie PISA, TIMSS, IGLU. Hier werden speziell entwickelte Testinstrumente verwendet um die Leistungen der getesteten SchülerInnen zu erfassen und vergleichbar zu machen. In diesem Zusammenhang werden detaillierte Daten über den sozioökonomischen Hintergrund und der Herkunft der SchülerInnen erfasst und geben so Auskunft über den Leistungsstand unterschiedlicher Gruppen.

Das Konsortium Bildungsberichterstattung im Auftrag der Ständigen Konferenz der Länder in der Bundesrepublik Deutschland und des Bundesministeriums für Bildung und Forschung gibt seit 2006 alle zwei Jahre einen Bildungsbericht heraus, der die oben vorgestellten Datensätze unter unterschiedlichen Fragestellungen hinsichtlich des deutschen Bildungssystems beschreibt und analysiert. So wird 2006 ein ganzes Kapitel der Darstellung von Bildungsungleichheiten von Kindern mit Migrationshintergrund gewidmet. Ergebnisse dieser Betrachtung sind folgende:

1. „Im Vergleich zu den deutschen ohne Migrationshintergrund weisen die MigrantInnen ein niedrigeres Bildungsniveau auf, sowohl bei den allgemeinen Schul- als auch bei den beruflichen Bildungsabschlüssen" (2006: S.146). Weiter wird festgehalten, dass Ausländer über das niedrigste, insbesondere türkische MigrantInnen, sonstige Deutsche mit Migrationshintergrund über das höchste Bildungsniveau unter MigrantInnen verfügen. Die Aufenthaltsdauer im Aufnahmeland hat einen Einfluss auf den Bildungserfolg von MigrantInnen.

2. "Am Beispiel der Daten über Einschulungsentscheidungen zwischen 1995 und 2004 in Nordrhein-Westfalen zeigt sich, dass die Zunahme vorzeitiger Einschulungen und die Abnahme von Zurückstellungen bei ausländischen Kindern parallel zur Entwicklung bei deutschen Kindern verläuft, nur dass der Anteil vorzeitiger Einschulungen bei ausländischen Kindern um etwa ein Drittel geringer ausfällt und die Zurückstellungen etwa doppelt so hoch sind." (2006: S.151).

3. „SchülerInnen mit mindestens einem im Ausland geborenem Elternteil sind unmittelbar nach der Übergangsentscheidung häufiger an Hauptschulen anzutreffen als deutsche. Sie korrigieren auch ihre Übergangsentscheidung später seltener durch Aufstieg. Aber selbst der Vergleich derjenigen SchülerInneninnen und SchülerInnen, die auf ein Gymnasium oder eine Realschule übergehen, zeigt unterschiedliche Verlaufsmuster." (2006: S. 151 f.). 37% der Deutschen ohne Migrationshintergrund und 22% der SchülerInnen mit Migrationshintergrund besuchen ein Gymnasium. Die Beteiligungsquoten an der gymnasialen Schulform beider Gruppen ragen mit 15 Prozentpunkten weit auseinander. Diese Distanz findet sich erst am unteren Ende des Schulsystems wieder. 36 % der SchülerInnen mit Migrationshintergrund besuchen die Hauptschule dagegen besuchen nur 16% der deutschen SchülerInnen diese Schulform. Hier unterscheiden sich diese

Gruppen mit 20 Prozentpunkten voneinander (Das Konsortium Bildungsberichterstattung im Auftrag der Ständigen Konferenz der Länder in der Bundesrepublik Deutschland und des Bundesministeriums für Bildung und Forschung, 2010: S. 65). Ebenso festzuhalten ist, dass MigrantInnen wesentlich häufiger das deutsche Schulsystem ohne allgemeinbildenden Abschluss verlassen als ihre deutschen Altersgenossen (Diefenbach, 2008: S.69 f.). Hinzu kommt, MigrantInnen wechseln nach dem Übergang in die Sekundarstufe I wesentlich häufiger auf niedrigere Schulformen als deutsche ohne Migrationshintergrund (Das Konsortium Bildungsberichterstattung im Auftrag der Ständigen Konferenz der Länder in der Bundesrepublik Deutschland und des Bundesministeriums für Bildung und Forschung, 2006: S. 152).

4. Schulleistungsstudien wie das Programme for International Student Assessment (PISA), Third International Mathematics and Science Study(TIMSS) und die Internationale Grundschul-Lese-Untersuchung (IGLU) zeigen, dass Kinder mit Migrationshintergrund in allen getesteten Kompetenzen schlechter abschneiden als ihre deutschen Altersgenossen (Diefenbach, 2008: S. 69). Auernheimer hält jedoch für die IGLU fest: „Aufschlussreich ist dabei das Ergebnis der Grundschul-Lese-Untersuchung, dass die Schere zwischen oberen und unteren Kompetenzniveaus sich am Ende der Grundschulzeit noch nicht so weit geöffnet hat."(Das Konsortium Bildungsberichterstattung im Auftrag der Ständigen Konferenz der Länder in der Bundesrepublik Deutschland und des Bundesministeriums für Bildung und Forschung, 2010: S.8). Die Leistungsunterschiede nehmen erst ab dem Übergang in die Sekundarstufe I immens zu.

2.2.4. Zusammenfassung

Wie dargestellt wurde, unterscheiden sich MigrantInnen und Autochthone in der Ausprägung unterschiedlicher messbarer Dimensionen im Bereich Bildung. MigrantInnen sind wesentlich häufiger auf niedrigeren Schulformen zu finden als Deutsche, verlassen das Schulsystem doppelt so oft ohne Abschluss und liegen in allen Lernstanderhebungen hinter dem Kompetenzniveau der SchülerInnen ohne Migrationshintergrund. Diese Ergebnisse sind seit Jahren zu verzeichnen. Betrachtet man die Aufbereitung der Daten von Diefenbach zur Beteiligung der Kinder mit und ohne Migrationshintergrund an deutschen Schulen, so ist zu erkennen das die Beteiligungsquoten der SchülerInnen über den Zeitraum von 1992 bis 2006 relativ stabil geblieben sind(2008: S. 69 f). Da Bildung in postindustriellen Ländern eine Ressource darstellt, die den Zugang zu weiteren interessanten Ressourcen regelt, folgen auf Grund der festgestellten Leistungsunterschiede weitere Einschränkungen beim Zugang zu wichtigen Gütern wie Arbeit, Einkommen, Wohlstand etc..

Warum liegen jedoch MigrantInnen im Kompetenzniveau hinter deutschen SchülerInnen und warum bleiben die Bildungsbeteiligungsquoten über einen so langen Zeitraum so stabil? Welche Ursachen sind dafür verantwortlich, dass MigrantInnen im deutschen Bildungssystem hinsichtlich ihrer Bildungspositionierung und dem Erwerb benötigter Kompetenzen größere Schwierigkeiten haben als deutsche SchülerInnen? Das Feld der Ursachenforschung ist ein Interdisziplinäres und breit differenziertes, die Perspektiven sind vielseitig und zum Teil gegenläufig. Diefenbach gibt auch hier eine gute Übersicht, sie subsummiert die Ergebnisse dieses Forschungsfeldes unter zwei Kategorien. Zum einen gibt es Strömungen/ Perspektiven die, die Ursachen der Befunde in den Merkmalen der Migrantenkinder oder ihrer Eltern sehen (2008: S.88). Diese Perspektive betont die kulturelle Unterschiedlichkeit der SchülerInnen oder ihrer Eltern und argumentiert mit Defiziten oder mangelnder Passung.

Die zweite Kategorie von Erklärungen der Bildungsungleichheiten von SchülerInnen mit Migrationshintergrund subsummiert Diefenbach unter Merkmale der Schule als Institution. Diese Perspektive sieht die gemachten Befunde in den Bildungsinstitutionen begründet(2008: S.88). Zum einen bietet das deutsche Schulsystem den betroffenen SchülerInnengruppen ungenügende Rahmenbedingungen, um erfolgreich am Bildungsangebot partizipieren zu können. Zum anderen werden MigrantInnen Opfer der Eigenlogik deutscher Bildungsorganisationen bei Allokations- und Selektionsprozessen.

Da verschiedene Erklärungsansätze die Ursachen auf Seiten der MigrantInnen verorten, liegt der Eindruck nahe, dass hier kompensatorisch gearbeitet werden muss. Defizite der MigrantInnen müssen aufgedeckt und beseitigt werden, um die Chancengleichheit beim Erwerb von guten Bildungszertifikaten zu erhöhen. Hier wird der Rolle der Institutionen nur eine untergeordnete Rolle zugesprochen. Anders in antagonistischen Ansätzen - antagonistisch deswegen, da sie der Rolle der Akteure eine untergeordnete Rolle beimessen. Hier sind die SchülerInnen mit Migrationshintergrund Opfer von Selektions-, Allokationsprozessen oder ungünstiger kontextualer Faktoren, wie Klassengröße, mangelnde kulturelle Sensibilisierung der Lehrkräfte etc.. Aber reicht eine Verbesserung der oben genannten Rahmenbedingungen aus, den Bildungsungleichheiten von SchülerInnen unterschiedlicher ethnischer Abstammung zu begegnen? Um dies zu beantworten, sollen im folgenden Kapitel exemplarisch drei sehr verschiedene Perspektiven vorgestellt und hinsichtlich ihrer Grenzen und Stärken untersucht werden.

3. Ansätze zur Erklärung von Bildungsungleichheiten der Kinder mit Migrationshintergrund.

Erklärungsansätze, die Bildungsungleichheiten von Kindern mit Migrationshintergrund an Hand ihrer Merkmale oder den Merkmalen ihrer Eltern festmachen, gehen von einer mangelnden, kulturell begründeten Passung aus. Einige Vertreter reden hier von Defiziten, aufgrund verschiedener Merkmale, die im Aufnahmekontext den erfolgreichen Zugang zum Bildungssystem erschweren. Diese Defizite oder mangelnde Passung wird in unterschiedlichen Dimensionen verortet. Zum einen in der Sozialisierung, die in einem anderem Kontext als für das Aufnahmeland typisch verlaufen ist, zum anderen in der Ausstattung mit relevanten Ressourcen.

3.1. Mangelnde kulturelle Passung zum Bildungssystem

Vertreter dieser Perspektive legen ihren Untersuchungen das Sozialisationsmodell nach Cleassens zu Grunde und arbeiten mit Begriffen der Soziabilisierung, Enkulturation/ Akkulturation und sekundärer sozialer Fixierung. So schreibt Nohl: „Gemein ist diesen Arbeiten, dass sie Defizite auf Seiten der MigrantInnenkinder identifizieren, die im Rahmen einer *kompensatorischen Pädagogik* [Hervorhebung i.O.] zu beheben seien."(2006: S. 20). Diese Annahmen mangelnder Passung beziehen sich auf drei Ebenen. Erstens werden Sprachdefizite lokalisiert, zweitens Ungleichheiten im Sprachcode und drittens Defizite im Bereich der Primärsozialisation (zum Beispiel mangelnde Passung im Bereich Bildungsorientierung) (Nohl, 2006: S.21).

3.1.1. Soziabilisierung, Enkulturation und Akkulturation

Das von diesen Vertretern oft verwendete Sozialisationsmodell geht auf die Sozialisationstheorie von Dieter Claessens zurück. Cleassens geht von einem Primärstatus aus in dem die Soziabilisierung eines Menschen stattfindet. Dieser Prozess findet in der frühen Mutter-Kind-Beziehung seinen Anfang (Brüsemeister, 2008: S.63). Claessens geht davon aus, dass Menschen nicht ohne weiteres in der Lage sind, Werten und Normen entgegen zu treten und diese zu verinnerlichen. Vielmehr müssen sie zu allererst die grundlegende Fähigkeit erlernen, mit angebotenen Werten und Normen umzugehen und diese zu verarbeiten. Diese innere Fähigkeit bildet sich in der Interaktion mit der primären

Bezugsperson heraus. Ergebnis dieser Interaktion ist ein Urvertrauen, das Grundlage für den erfolgreichen Ablauf weiterer Sozialisationsstufen ist. Nach Cleassens kann davon ausgegangen werden, dass Menschen nach der Geburt eine Erwartungshaltung besitzen, die sich mit den Worten „semper talis" (stets gleich) am besten beschreiben lässt. Brüsemeister schreibt, dass erst eine Widerständigkeit „...sich verändernde Beziehung zwischen Mutter und Kind"(2008: S. 64) das Kind erfahren lässt, dass sich Beziehungssysteme durch Distanz nicht auflösen. Durch die gebrochene Erwartungshaltung und die darauf folgende Erfahrung der Beständigkeit der Beziehung, gelangt das Kind zu einem Urvertrauen in bestehende Beziehungssysteme. „Diese Erfahrung erlaubt eine immer feinere Abstimmung von wechselseitigen Erwartungen zwischen dem Kind und seinen Bezugspartnern." (Brüsemeister, 2008: S.64). Dies führt nach Cleassens weiter zur solidarischen Befähigung. Nach Hillmann ist Solidarität vom Französischen abgeleitet und bedeutet gegenseitige Verpflichtung. Verpflichtung im Sinne von Zusammengehörigkeit oder enger Verbundenheit (Hillmann, 2007: S.804). Das Kind lernt so während der Soziabilisierung Urvertrauen und Solidarität.

Mit diesen Fähigkeiten gerüstet kann das Kind nun seinen Interaktionsradius ausbauen und nimmt Handlungen mit weiteren Mitgliedern der Familie auf. Dies ist für das heranwachsende Individuum und die Übernahme von Normen und Werten wichtig, um sich im weiteren Verlauf in der Kultur, in der es sich befindet, orientieren zu können. Claessens betrachtet die Familie als kleinste soziale Einheit in dem existierende, die Familie tangierende Werte und Normen, für das Kind handhabbar gemacht werden können. Dies bedeutet, dass die in den Kulturen existierenden Rahmenbedingungen sozialen Handelns reduziert werden, um das heranreifende Individuum nicht zu überfordern (Nohl, 2006: S.32).

In der Phase der Enkulturation werden dem Kind nicht nur Familienrollen vorgelebt: Familienmitglieder übernehmen nicht nur die Rollen der Eltern, Tanten, Onkel, Geschwister, etc.. Dadurch, dass sie in Systemen außerhalb des Familiensystems eingebunden sind und dort verschiedenste Rollen übernehmen, sind Kinder schon in der Phase der Enkulturation mit Skizzen sozialer Rollen konfrontiert. Nohl schreibt: „ Die Tradierung gesellschaftlicher Werte innerhalb der Familie ist nun nicht intendiert oder zeitlich befristet, sondern vollzieht sich ständig. Selbst dann, wenn Familien sich von den Werten der Gesellschaft abgrenzen, tradieren sie diese."(Nohl, 2006: S. 33). Auf Grund der gewonnen Fähigkeiten in der Phase der Soziabilisierung werden die Werte,

Normen und Skizzen sozialer Rollen während der Phase der Enkulturation vom Kind übernommen. „Der Einfluß [!] der Dauerpflegeperson wird sozusagen vom Einfluß [!] des familiären (subkulturellen) Milieus abgelöst. Das Kind interagiert auf sprachlicher Ebene mit unterschiedlichen Personen der näheren Umgebung. Diese Bezugspersonen bzw. signifikanten Anderen der frühen Kindheit legen den Heranwachsenden auf ‚kulturspezifische Emotionalität, Sprache, Denkweise, Verhaltensweise' fest. Das Kind wird sozusagen mit fundamentalen kulturellen Elementen konfrontiert, die jedoch durch das Milieu der Familie gefiltert werden." (Schrader et al., 1979: S.57). So bildet sich als Ergebnis der Phase der Enkulturation eine Kultur determinierte „Basispersönlichkeit", die nicht mehr abgeworfen werden kann (Schrader et al., 1979: S.57 f.).

Die Elemente dieser schwer veränderbaren Basispersönlichkeit sind die Vorzeichen, unter denen sich die sekundäre soziale Fixierung vollzieht. Diese Grundeinheit ist kulturell geprägt, sie ermöglicht die Einordnung gesellschaftlicher Erwartungen in einen sinnvollen Kontext und ermöglicht so die Übernahme sozialer Rollen die in den Gesellschaften, in denen sich die Sozialisation vollzieht, relevant sind. Die sekundäre soziale Fixierung „… sitzt grundsätzlich loser, und Rollenwechsel, Distanz und Rollenkonflikte sind eher möglich." (Schrader et al., 1979: S.58). Aufgrund der entwickelten Basispersönlichkeit ist das Individuum in der Lage, mit relevanten Werten und Normen in Gesellschaften umzugehen und aufkommende eventuelle Paradoxien zu lösen. Dies ist jedoch nur so lange möglich, wie Verhaltenserwartungen in einem gemeinsamen kulturellen Kontext entstehen und bewertet werden können.

Ist dies nicht der Fall, weil zum Beispiel der originäre Sozialisationskontext verlassen wurde, müssen sich die Akteure, die sich in einem neuen kulturellen Rahmen wiederfinden, an diesen akkulturieren. Schrader et al gehen von drei unterschiedlichen Akkulturationsdimensionen aus. Der erste Akkulturationsfall geht von den Bedingungen einer monokulturellen Basispersönlichkeit aus. Die Eltern und ihre Kinder haben im Herkunftsland die Phasen der Soziabilisierung und der Enkulturation durchlebt. Die im Aufnahmeland ankommenden Kinder sind im Schulalter und erleben einen Bruch in der Phase sekundärer Fixierung (Schrader et al., 1979: S. 69 f.). Weil sie kulturell relevante Werte und Normen der Herkunftskultur verinnerlicht haben und drauf vorbereitet waren, soziale Rollen zu übernehmen und Erwartungen zu erfüllen, die dem Typus des Herkunftslandes entsprechen, sind sie im Aufnahmekontext nun denkbar ungünstig vorbereitet, die dortigen Rollen auszufüllen und Erwartungen entgegenzutreten. So gehen die Autoren in diesem Fall davon aus, dass eine Eingliederung dieser MigrantInnen in das Aufnahmesystem nicht möglich ist. Vielmehr schreiben sie hier: „Da sich die Basispersönlichkeit fest unter dem monokulturellem Einfluß[!] der Heimatkultur strukturiert hat, erwarten wir nur noch akkulturierende Prozesse in Bezug auf Verhaltensweisen, spezifische Fertigkeiten und Kenntnisse instrumenteller Art, also in Bezug auf die Übernahme ‚sozialer Rollen'(CLAESSENS)." (Schrader et al., 1979: S.70).

Anders als im ersten Akkulturationsfall, sind im zweiten, die in das deutsche Bildungssystem eintretenden Kinder, noch nicht schulpflichtig. Hier skizzieren die Autoren eine unterbrochene Enkulturationsphase. Die Kinder dieser Gruppe befinden sich im Vorschulalter. Sie wechseln durch Migration den kulturellen Kontext, in dem sie ihre bisherige Sozialisation erlebt haben. Da sie sich in der Phase der Enkulturation befinden, findet eine Übernahme von Teilen der existierenden Werte und Normen der Aufnahmegesellschaft statt. So sozialisierte Kinder sind Anpassungskünstler, die ihr Verhalten an beide Kulturen anpassen können und ebenso Merkmale beider Kulturen zeigen. Sie entwickeln bi-kulturelle Identitäten. Eine Eingliederung in die Aufnahmegesellschaft ist nach den Autoren nur in Extremfällen möglich. (Schrader et al., 1979: S.70 f.).

Von besonders günstigen Bedingungen sind Kleinstkinder betroffen, wenn diese im Alter der Soziabilisierung, jedoch aber spätestens vor der Phase der Enkulturation in das Aufnahmeland einreisen. Diese haben den größten Teil ihrer Sozialisation im Aufnahmekontext erlebt. Die handlich gemachten Normen und Werte in den Familien sind vom Aufnahmekontext geprägt und selbst: „… wenn Familien sich von den Werten der Gesellschaft abgrenzen, tradieren sie diese." (Nohl, 2006: S.33). So sind die Kinder, die im Kleinkindalter ins Aufnahmeland migrieren, aufgrund ihrer fast vollständigen Sozialisation in diesem Kontext in der Lage, erfolgreich relevante soziale Rollen zu übernehmen und den Erwartungen der Aufnahmegesellschaft entgegenzutreten. Das bedeutet, dass: „Diese hier mischkulturell enkulturierten und sich danach assimilierenden Kinder werden sich größtenteils mit der Fremdkultur (oder nun eben ihrer Heimatkultur) identifizieren, sie sind quasi ‚*Neu-Deutsche*'[Hervorhebung i. O.] und im soziologischen Sinne *Voll-Deutsche!* [dto.]" (Schrader et al, 1979: S. 71).

3.1.2. Sozialisation und Bildungsproblematik von SchülerInnen mit Migrationshintergrund

Anhand dieses differenzierten Sozialisationsmodells, dass die Faktoren En- und Akkulturation in den Mittelpunkt der Betrachtung stellt, können die Prozesse, die zu Bildungsunterschiedlichkeiten von Autochthonen und MigrantInnen führen, an drei Dimensionen festgehalten werden: Zum einen besitzen MigrantInnen geringere sprachliche Fähigkeiten und geringere Fähigkeiten, die Sprache der Mehrheitsgesellschaft zu lernen. Je später sie in das das Aufnahmeland einreisen, desto größere Schwierigkeiten haben, sie die Schulsprache zu lernen (vgl. Schrader et al, 1979: S. 111 ff; Nohl, 2006: S. 26f.). Da die Schulsprache jedoch essentiell ist, um Aufgabenstellungen zu verstehen und ihnen in korrekter Weise gerecht zu werden, können SchülerInnen unterschiedlichen Migrationsgrades im Schulsystem nur scheitern.

Zum anderen sind Ungleichheiten durch den unterschiedlichen Gebrauch von Sprache zu erklären. So müssen Kinder mit Migrationshintergrund, die durch ihre Sozialisation einen bestimmten Umgang mit Sprache erlernt haben - sich einen gruppenspezifischen Sprachcode angeeignet haben, erst die gestellten Anforderungen, die in der Bildungssprache gestellt werden, in ihren eigenen Sprachcode transformieren. Je nach Akkulturationsstatus gelingt ihnen das auch. Fehlt ihnen diese Fähigkeit, können die an sie gestellten Aufgaben nicht richtig verstanden werden. Dies führt zu einem hohen Grad an Demotivation. Aufgaben können nicht erfüllt werden und die Bereitschaft sich den Anforderungen zu stellen sinkt. (Gogolin,2008 : S. 48 f.; Nohl 2006: S.23 ff.).

Letztlich werden Ungleichheiten im Bereich Bildung auch unter dem Gesichtspunkt defizitärer Primärsozialisation betrachtet. So kann es sein, dass im Rahmen von Arbeitsmigration nur ein Elternteil das Herkunftsland verlässt. Dies kann nach Schrader et al. zu unterschiedlichen Problemlagen führen und die Primärsozialisation stören. Wenn ein Elternteil fehlt, so fehlt auch deren prägender Einfluss. Im Rahmen des Enkulturationsmodells nach Claessens, kann zum Beispiel dem heranwachsenden Individuum an dieser Stelle nicht umfänglich nahe gebracht werden, wie sich verschiedene Normen und Werte, Gender-spezifisch auswirken. Weiter kommt es durch die dauerhafte Trennung der Ehepartner zur Spaltung und Entfremdung der Familie, dies kann bis zur Scheidung führen mit all ihren Folgen und Konsequenzen. Auch ausbleibende Zahlungen an die Familie des Migrierenden, können sich störend auf die Primärsozialisation auswirken. Wenn so den im Herkunftsland Hinterbliebenen die nötigen Ressourcen fehlen, den Anforderungen der Ausbildung der Primärpersönlichkeit gerecht zu werden, dann besitzen diese Heranwachsenden eine ungünstige Ausgangslage (Schrader et al, 1979: S.81ff). Eine defizitäre Primärsozialisation erhöht so die Schwierigkeiten der erfolgreichen Akkulturation.

Perspektiven, die in der Sozialisation der Kinder aus MigrantInnenfamilien und damit in der mangelnden kulturellen Passung zwischen Minorität und Majorität die Ursachen von Bildungsungleichheiten vermuten lassen, sind immer noch aktuell. So geht Heidi Keller davon aus:"…, dass in den ersten Lebensjahren auf Grundlage einer evolvierten Grundausstattung und angeborener Verhaltensdispositionen die Architektur der menschlichen Psychologie erworben wird – und zwar in einem Prozess aktiver Aneignung und Konstruktion."(Keller, 2008: S. 103). Sie spricht den kulturellen Modellen der Sozialisation enorme normative Kraft zu. Kulturelle Modelle prägen die Sozialisation der Heranwachsenden, da sie als stabile Wertesysteme begriffen werden können:"…die sich aus dem Zusammenspiel zweier universeller Werte-Dimensionen ergeben, der Dimension der Autonomie und der Dimension der Relationalität." (Keller, 2008: S. 105). Diese Ebenen bilden eine grundlegende Ausstattung jedes Menschen und je nach kultureller Prägung ist die Architektur der menschlichen Psychologie durch eine der Dimensionen mehr bestimmt als durch die andere (Keller, 2008: S. 105).

Beim "…relationalen Selbst sind die Ich-Grenzen fließend, und die psychologischen Personen sind Teil der Selbstkonstruktion. Es entsteht eine Wir-Identität. Im Fall des autonomen Selbst sind die Ich-Grenzen stark markiert und undurchdringlich, mit dem Ergebnis einer distinkten Ich-Identität" (Keller, 2008:S.105 f.). Die so geprägte Identität des Menschen, ist je nach Einfluss des kulturellen Rahmens in dem er aufwächst, keine Ich-Identität sondern eine Wir-Identität. Die Eltern besitzen auf Grund der Sozialisation in ihren spezifischen Kontexten eine Vorstellung darüber, welche dieser Dimensionen für sie relevanter ist und geben dies an ihre Kinder weiter. Auf diese Weise vermittelte Verhaltensweisen sind im Herkunftsraum noch relevant, können aber störend wirken im Aufnahmekontext. Keller geht davon aus, dass Autonomie in einem westlichen urbanen Kontext relevantere Verhaltensprämissen zur Verfügung stellt als relationale. Diese wiederum eignen sich eher in traditionellen Dorfgemeinschaften. (Keller, 2008:S. 107). Kinder mit Migrationshintergrund haben in ihrer Sozialisation eine Wir-Identität ausgebildet, die unterschiedliche Verhaltensmuster impliziert, die im Umgang mit dem Werte- und Normensystem eines westlich urbanen Aufnahmelandes als hinderlich betrachtet wird. So sind Defizite im Bereich Bildung unter dem Aspekt zu betrachten, dass SchülerInnen mit Migrationshintergrund nicht in der Lage sind, den selbstverantwortlichen Anforderungen des Schulsystems nach zu kommen.

„Die überwiegende Mehrzahl der türkischen MigrantInnen in Deutschland z.B. kommt aus traditionellen dörflichen Strukturen, in denen relationale Sozialisationsstrategien vorherrschen. Sie sind nun in eine öffentliche Welt geraten, die eine forcierte Betonung von Autonomie als gesellschaftliches und politisches Programm vertritt. Das einzigartige und selbstbestimmte Individuum ist die soziale Norm beim Kinderarzt ebenso wie in der Kita und in der Schule. Diese unaufgelöste Konfrontation ist für beide Seiten in hohem Maße konfliktbeladen – dieses umso mehr, als die normativen Standards des einen kulturellen Modells pathologische Variante des anderen darstellen können." (Keller, 2008:S. 107 f.).

Anforderungen des deutschen Bildungssystems können von MigrantInnen, die in ihrer Sozialisation durch relationale Beziehungen geprägt wurden, nicht erfüllt werden, da das Schulsystem versucht, die Ich-Identität der SchülerInnen zu stärken. Ausdruck dessen sind §11 und 14 des SGB VIII, in denen die öffentliche Jugendhilfe dazu verpflichtet ist, Angebote zur Entwicklung der Kinder und Jugend bereit zu stellen, die darauf abzielt, Eigenverantwortung, Selbstorganisation etc. zu fördern. Diese Autonomieansprüche westlich urbaner Gesellschaften laufen den relationalen Beziehungserwartungen der Migrierten entgegen. So können SchülerInnen den Anforderungen deutscher Schulen und Jugendhilfen nicht gerecht werden, da sie gelernt haben, mit anderen Beziehungs- und Organisationsstrukturen zurecht zu kommen.

3.1.3 Kritik

Der kulturelle Kontext der Sozialisation wird in den oben betrachteten Erklärungsansätzen als Ursache ungleicher Bildungspositionierung von Kindern mit Migrationshintergrund vermutet. Es wird davon ausgegangen, dass verinnerlichte Werte und Normen einer Kultur, Handlungen und Erwartungen vorstrukturieren. Kulturen und ethnische Zugehörigkeiten werden als etwas Biologisches sich selbst Reproduzierendes betrachtet, deren Einfluss sich niemand entziehen kann, selbst wenn aktiv versucht wird, sich gegen vorhandene Werte und Normen zu stellen.

Da dieser grundlegende Interpretationskontext in einem frühen Stadium der Entwicklung übernommen wird, ist es für das Individuum nur schwer möglich, sich an andere kulturelle Kontexte gänzlich einzupassen. Daraus folgen Schwierigkeiten beim Erwerb der Sprache und des Sprachcodes des Aufnahmekontextes. Ebenso gestaltet es sich schwierig für die kulturell geprägten Basispersönlichkeiten, den neuen Rollen und Verhaltenserwartungen gerecht zu werden, weil sie herkunftsspezifische Normen und Werte inkorporiert haben. Da die Kinder mit Migrationshintergrund durch die kulturell unterschiedlich geprägte Sozialisation vor ungünstigen Ausgangslagen stehen, können sie den Anforderungen des Bildungssystems nicht gerecht werden, weil sie Probleme haben den Verhaltenserwartungen des Bildungssystems zu entsprechen.

Der kulturellen Betonung der Sozialisation gehen theoretische Überlegungen voraus, die empirisch nur schwer zu bestätigen sind. Rainer Dollase nennt exemplarisch einige dieser Hypothesen: "… dass die Varianz zwischen den Kulturen größer ist als innerhalb. Oder: dass die kulturelle Identität beibehalten und offensiv gegen andere durchgesetzt wird. Oder: dass Kultur unwandelbar sei, dass auch spätere Generationen von Zuwanderern noch „fremd" sind etc." (2007: S.199). Dass sich Angehörige unterschiedlicher Kulturen nicht scharf trennen lassen wird klar, wenn Dollase anführt, dass Lehrer in einer Befragung zwischen 29-39% ihrer SchülerInnen als Ausländer identifizieren können. Diese Werte liegen zu weit auseinander, als dass sie vermitteln könnten, dass eine klare Einordnung zu bestimmten Ethnien möglich wäre. Weiter führt er ein Beispiel an, dass in ähnlicher Form bereits in Kapitel 2.1.2. skizziert wurde: Dollase stellt fest, dass sich unter den SchülerInnen mit türkischem Migrationshintergrund noch circa 50% als Ausländer fühlen, obwohl sie in Deutschland geboren wurden und die deutsche Staatsbürgerschaft besitzen (2007: S.199). Auch eine unterschiedliche Innen- und Außendifferenz[3] ist nicht nachweisbar: „In der Tat sind Schüler und SchülerInnen aus unterschiedlichen Abstammungsgruppen hinsichtlich ihrer Alltagskultur, also bezogen auf Vorlieben für Musik, Sänger(innen), Sport, Sportvereine, Schulfächer, Essen, Filme, Farben, TV-Sendungen, Idole, Freizeitaktivitäten etc. hochgradig ähnlich."(Dollase, 2007:S.200).

Eine weitere Annahme ist, dass Menschen mit anderen kulturell geprägten Basispersönlichkeiten den Aufnahmekontext als fremd empfinden und sich deswegen unwohl fühlen. „Von 27 Lebensbereichen, die SchülerInnen und SchülerInneninnen nach Zufriedenheit beurteilen sollten, lagen bei allen ethnischen Gruppen Familie, Eltern,

---

[3] Zwischen den Kulturen

Geschwister an erster Stelle und wurden positiv bewertet (R. Dollase et al.,2000). Paradoxerweise sind ausländischstämmige[!] Schüler und Schülerinnen mit den meisten anderen Lebensbereichen im Schnitt zufriedener als deutsche (HauptschülerInnen)..."(Dollase, 2007: S.201).

Die angenommenen kulturellen Unterschiede sind nicht so groß wie es von unterschiedlichen Autoren angenommen wird. Zumindest aber sind sie schwer messbar. Wenn jedoch der gravierende Unterschied zwischen den Kulturen Maßgeblich für die erfolgreiche Teilnahme am deutschen Bildungssystem verantwortlich ist, sollten diese Unterschiede recht leicht zu finden sein. Dass es kulturelle Unterscheidungsmöglichkeiten gibt, ist jedoch nicht von der Hand zu weisen. So gibt es Vorstellungen davon, was türkisch, griechisch oder deutsch ist. Nur sind diese Unterscheidungskriterien nichts biologisch sich selbst replizierendes, vielmehr sind sie wie in Kapitel 2.1.2 beschrieben, konstruierte Abgrenzungen durch die Mitgliedschaft zu einer Ethnie möglich wird. Relevant für Sozialisation und Verhalten der Akteure sind die Merkmale der Ethnien nur dann, wenn die Zugehörigkeit zu einer Ethnie für Akteure größere Chancen auf vertikale Statusmobilität beinhaltet. So könnte formuliert werden, dass die Bereitschaft die Schulsprache zu lernen davon abhängt, wie relevant deutsche Schulabschlüsse empfunden werden. Sind deutsche Schulabschlüsse für bestimmte Ethnien genauso viel wert wie für Autochthone? Und besitzen Angehörige ethnischer Minderheiten dazu eine Alternative? Haben Angehörige ethnischer Minderheiten nicht den gleichen Vorteil von Bildungsabschlüssen wie deutsche und haben ökonomische Nischen erobert, so besitzt die Kenntnis der Schulsprache für sie weniger Relevanz.

Werden die Ergebnisse von Keller in der Perspektive konstruierter Ethnien betrachtet, sind Autonome- und Relationalebeziehungen für Sozialisation und Verhalten von MigrantInnen erst dann relevant, wenn diese Merkmale ethnischer Minderheiten sind. Mitgliedschaft zu diesen Gruppen werden den Akteur so gesichert, da sie für die Gruppen ein relevantes Verhalten beinhalten, anhand dessen die Zugehörigkeit zu einer Gruppe sichtbar gemacht werden kann. Dieses Set unterschiedlicher Verhaltensregeln ist jedoch nur relevant, wenn die Gruppe die dieses Element zum konstituierenden Moment macht, den Akteuren zum Beispiel größere Chancen vertikaler Statusmobilität und Sicherheit offerieren kann als andere. Warum aber ist die Mitgliedschaft zu ethnischen Minderheiten reizvoller oder bietet den Akteuren größere Chancen und Sicherheit als der Aufnahmekontext? Wichtige Erkenntnisse zur Beantwortung dieser Frage konnten

Untersuchungen der humankapitaltheoretischen Perspektive liefern. Dies soll im nächsten Kapitel betrachtet werden.

3.2. Humankapitaltheoretischer Erklärungsansatz

Die im letzten Abschnitt genannten Autoren versuchten zu zeigen, dass Kinder aus Migrantenfamilien deswegen bestimmte Defizite aufweisen, weil sie in unterschiedlich kulturell geprägten Sozialisationsräumen aufwachsen und so andere Normen, Werte und Verhaltenserwartungen inkorporieren. Die nun folgenden Vertreter kapitaltheoretischer Erklärungsperspektiven, betrachten Bildungserfolg als Ergebnis von Investitionen in die Fähigkeiten der Kinder mit Bildungsinhalten umzugehen. Sie führen dazu den Kapitalbegriff ein. Kapital bedeutet: „im üblichen, zugleich engeren ökonomischen Sinne jedes direkt erwerblichen Zwecken ... dienende materielle Vermögen..."(Lexikon zur Soziologie, 2007: S. 320). Damit ist Bildung ein Kapital in das investiert werden kann, um monetäre und nicht-monetäre Vorteile zu erlangen. Bildung als Kapital bedeutet jedoch wiederum, dass Investitionen erfolgen müssen, um dieses Vermögen zu steigern.

Da sich ein Großteil des Erwerbs dieser Kapitalsorte in einem Alter vollzieht, in dem Individuen unmündig und mitunter nicht in der Lage sind, Bildungsentscheidungen selbst zu treffen oder die erforderlichen Investitionen selber zu tätigen, rückt hier der Kapitalstock[4] des Sozialisationsraumes ins Zentrum der Ursachenallokation der Bildungsungleichheiten von SchülerInnen mit Migrationshintergrund. So wird argumentiert, dass eine ungünstige Ausstattung von unterschiedlichen Kapitalsorten im Sozialisationskontext die Ursache für Bildungsungleichheiten ist. Autoren dieses Ansatzes greifen auf den ökonomischen Begriff des Humankapitals zurück, andere Autoren versuchen diesen mit den Kapitalbegriffen Bourdieus in Einklang zu bringen.

3.2.1. Ökonomisches, kulturelles und soziales Kapital: Kapitalsorten

Den Menschen stehen für die Gewinnung monetärer und nicht monetärer Vorteile unterschiedliche Kapitalsorten zur Verfügung. Ob und wie Akteure in der Lage sind, neue Kapitalien zu akkumulieren, hängt von der Menge des bereits zur Verfügung stehenden Kapitals ab. Bourdieu beschreibt dies folgendermaßen: „das Kapital ist eine der Objek-

---

[4] „Unter dem Begriff Kapital(stock) wird ein produziertes Gut verstanden, das zur Produktion anderer Güter verwendet wird. In der neoklassischen Theorie ist Kapital(stock) ein Produktionsfaktor, welcher die früheren, in der Ökonomie getätigten Investitionen repräsentiert."(Kamaras, 2003: S. 12)

tivität der Dinge innewohnende Kraft, die dafür sorgt, daß[!] nicht alles gleich möglich oder gleich unmöglich ist. Die zu einem bestimmten Zeitpunkt gegebene Verteilungsstruktur verschiedener Arten und Unterarten von Kapital entspricht der immanenten Struktur der gesellschaftlichen Welt, d.h. der Gesamtheit der ihr innewohnenden Zwänge, durch die das dauerhafte Funktionieren der gesellschaftlichen Wirklichkeit bestimmt und über die Erfolgschancen der Praxis entschieden wird." (Bourdieu,1983:S.183). Die unterschiedlich zur Verfügung stehenden Kapitalsorten positionieren den Akteur im gesellschaftlichen Gefüge und geben oder verwehren ihm Möglichkeiten, vorhandenes Kapital zu mehren.

Akteure können auf unterschiedliche Kapitalsorten zurückgreifen, die ineinander transformierbar sind und benötigt werden um weiteres Kapital in verschiedenen Anwendungsbereichen zu erlangen. Bourdieu spricht von drei Feldern im sozialen Raum, in denen Praxis stattfindet (Münch, 2004:S.430). Praxis ist für ihn soziales Handeln und beinhaltet: „... das individuelle Handeln der Menschen ein Teil der gesellschaftlichen Entwicklung, also der Produktion und Reproduktion von Kultur, Sozialstruktur und ökonomischer Wohlstand." (Münch, 2004:S.420). Das Feld der Praxis ist der Raum in dem soziales Handeln geschieht. Die drei Felder der Praxis sind: das wirtschaftliche Feld, das kulturelle und das soziale Feld. Diese Felder erfordern spezifische Kapitalformen, die besonders wirksam für soziale Handlungen in diesen Feldern sind.

Ökonomisches Kapital ist besonders wirksam im Feld der wirtschaftlichen Praxis, Akteure können hier Besitz einsetzen um Besitz zu erlangen. Kulturelles Kapital ist am wirksamsten im Feld der kulturellen Praxis, Bildungsabschlüsse gehören zu diesen Kapitalien und ermöglichen oder verwehren Akteuren den Zugang zu weiterem Kapital in diesem Feld. Das Potential dieser Kapitalsorten ist jedoch nicht nur auf die spezifischen Praxisfelder beschränkt, sondern lässt sich auch benutzen um Kapital in anderen Feldern sozialen Handelns zu erwerben. So schreibt Bourdieu: „Das *ökonomische Kapital* [Hervorhebung i.O.] ist unmittelbar und direkt in Geld konvertierbar und eignet sich besonders zur Institutionalisierung in der Form des Eigentumsrechts; das *kulturelle Kapital* [dto.] ist unter bestimmten Vorrausetzungen in ökonomisches Kapital konvertierbar und eignet sich besonders zur Institutionalisierung in Form von schulischen Titeln; das *soziale Kapital* [dto.], das Kapital an sozialen Verpflichtungen und „Beziehungen"[dto.], ist unter bestimmten Voraussetzungen ebenfalls in ökonomisches Kapital konvertierbar und eignet sich besonders zur Institutionalisierung in Form von

Adelstiteln." (Bourdieu, 1983: S.185). Weiter heißt es: „Die Tatsache der gegenseitigen Konvertierbarkeit der verschiedenen Kapitalarten ist der Ausgangspunkt für Strategien, die die Reproduktion des Kapitals (und der Positionierung im sozialen Raum) mit Hilfe möglichst geringer Kapitalumwandlungskosten (Umwandlungsarbeit und inhärente Umwandlungsverluste) erreichen möchte."(Bourdieu, 1983: S.197 f.).

Soziales Kapital ist zu verstehen als: „Das Sozialkapital ist die Gesamtheit der aktuellen und potentiellen Ressourcen, die mit dem Besitz eines dauerhaften Netzes von mehr oder weniger institutionalisierten Beziehungen gegenseitigen Kennens[!] oder Anerkennens verbunden sind; oder, anders ausgedrückt, es handelt sich dabei um Ressourcen, die auf *Zugehörigkeit zu einer Gruppe*[Hervorhebung i.O.] beruhen. Das Gesamtkapital, das die einzelnen Gruppenmitglieder besitzen, dient ihnen allen gemeinsam als Sicherheit und verleiht ihnen – im weitesten Sinne des Wortes – *Kreditwürdigkeit* [dto.]."(Bourdieu, 1983: S.190 f.). Das Aufrechterhalten und Erweitern dieser Kapitalsorte geschieht über Austausch von materiellen und symbolischen Aspekten (Bourdieu, 1983:S.191).

Kulturelles Kapital nach Bourdieu umfasst die Elemente: inkorporiertes Kapital, objektives und institutionalisiertes kulturelles Kapital. Objektiviertes kulturelles Kapital ist kulturelles Kapital in materieller Form, übertragbar und benutzbar. Institutionalisiertes kulturelles Kapital ist: „Die Objektivierung von inkorporiertem Kulturkapital in Form von Titeln..."(Bourdieu, 1983:S.189)wie zum Beispiel Bildungsabschlüsse. Objektiviertes und institutionalisiertes kulturelles Kapital kann jedoch nicht genutzt und gewonnen werden, ohne inkorporiertes kulturelles Kapital. „Die meisten Eigenschaften des kulturellen Kapitals lassen sich aus der Tatsache herleiten, dass es grundsätzlich körpergebunden ist und Verinnerlichung (incorporation) voraussetzt. Die Akkumulation von Kultur in inkorporiertem Zustand – ... - setzt einen Verinnerlichungsprozeß voraus, der in dem Maße wie er Unterrichts- und Lernzeit erfordert, *Zeit kostet* [Hervorhebung i.O.]. Die Zeit muss vom Investor *persönlich* investiert werden: ..., so lässt sich auch Inkorporation von Bildungskapital nicht durch eine fremde Person vollziehen. Das *Delegationsprinzip*[Hervorhebung i.O.] ist hier ausgeschlossen."(Bourdieu, 1983: S.186). Inkorporiertes kulturelles Kapital sind Fertigkeiten und Fähigkeiten, die dem Akteur zu Eigen sind. Diese Fähigkeiten muss er erst erlernen und verinnerlichen. Inkorporiertes kulturelles Kapital wird benötigt, um objektiviertes und institutionalisiertes kulturelles Kapital adäquat nutzen zu können. Institutionelles kulturelles Kapital ist wiederum die

Zertifizierung von inkorporierten und den für die Inkorporation genutzten objektivierten kulturellen Kapital. Die Fertigkeiten und Fähigkeiten der Akteure wirken sich auch auf die Effizienz der Nutzung ökonomischen und sozialen Kapitals aus. Ohne Wissen über die Instrumentalisierung angeeigneter Kapitalien sind Akteure nicht in der Lage, sich günstig im sozialen Gefüge zu positionieren und weiteres Kapital zu akkumulieren. So ist inkorporiertes kulturelles Kapital die Basis für jeden Umgang und jede Nutzung anderer Kapitalien und deren Zugewinn.

3.2.2. Human- und inkorporiertes kulturelles Kapital

Wird die Definition von inkorporiertem Kapital und Humankapital betrachtet, kann man viele Gemeinsamkeiten feststellen. Wolfgang Franz beschreibt was unter Humankapital zu verstehen ist:„ ..."Humankapital"[Hervorhebung i.O.], worunter der Bestand an wissen und Fertigkeiten eines Individuums verstanden wird, dessen Zunahme die Produktivität des oder der Betreffenden erhöht."(2006: S.75). Humankapital sind nach Franz Auffassungen also nur jene Fähigkeiten, die den Inhaber befähigen, produktiv zu sein und das ökonomische Kapital zu erhöhen. Betrachtet man jedoch die Definition von Velten in Endre Kamaras: „Humankapital: Grund des Wachstums?", so heißt es hingegen: „Humankapital oder Einkommenserwerbskapazität ist die Summe der Erfahrungen, Kenntnisse, Fähigkeiten und Fertigkeiten eines Individuums, einer Gruppe oder der Erwerbsbevölkerung einer Volkswirtschaft, welche im Produktionsprozess aktiv eingesetzt werden kann." (Velten,1998: S.5; hier zitiert nach: Kamaras, 2003: S.12). Hier wird offen gelassen, für was Humankapital alles verwendet werden kann. Es wird in Rechnung gestellt, dass die Kumulation von Erfahrungen, Kenntnissen, Fähigkeiten etc. für den ökonomischen Produktionsprozess eingesetzt werden kann, aber nicht muss. Das bedeutet, dass Akteure auch Fertigkeiten, Kenntnisse etc. erwerben können, die nicht für den reinen Erwerbsprozess benötigt werden aber ihren Handlungsspielraum erweitern.

Ähnlich wie inkorporiertes kulturelles Kapital: „BOURDIEU [Hervorhebung i.O.] wie COLEMAN [dto.]entwickeln ihre Gedanken in Anlehnung an die Bildungsökonomie, die ökonomische Vorstellungen von Kapital, wie es in Werkzeugen oder Maschinen verkörpert ist, erweitert hat und von Humankapital spricht, wenn es um die von Individuen erworbenen Fähigkeiten, Fertigkeiten und Kenntnisse geht, die diesen Erwerbsmöglichkeiten erhalten oder neu eröffnen. BOURDIEU[dto.] prägte den Begriff

„kulturelles Kapital"[dto.] und zeigte, dass auch Kulturgüter- sei es Humankapital (oder inkorporiertes Kapital, wie BOURDIEU[dto.] sagt), seien es die Nutzung kultureller Sachgüter oder symbolischer Repräsentationen der herrschenden Kultur- den Handlungsspielraum ihrer Besitzer vergrößern und ökonomisch verwertet werden können" (Baumert et al., 2003: S.54). Humankapital ist eine Form des kulturellen Kapitals und existiert in inkorporierter Form. Die Fähigkeiten und Fertigkeiten des Akteurs sind damit Instrumente, um mit Kapitalsorten effizient umzugehen und deren Nutzen (Verringerung von Transformationskosten) zu steigern oder aber mehr Kapital anzueignen.

Ohne Investition von ökonomischen, sozialen, kulturellen Kapital und Zeit, kann kein Humankapital gebildet werden. Die Grenzen und Stärken des Humankapitalbegriffes sind (Kamaras, 2003: S.13- 16) folgende:

1. Humankapital beinhaltet angeborene und erlernte Fähigkeiten (physische, psychische, intellektuelle Kapazitäten). Angeborene Fähigkeiten machen das Potential zu Humankapitalakkumulation aus.

2. Humankapital ist in Sklaverei freien Kontexten nicht veräußerbar.

3. Individuen haben nicht immer die Kontrolle darüber welches Wissen sie akkumulieren und wie sie es tun. Vor allem in den Jahren in denen sie im Sozialisationskontext als unmündig gelten. Diese Entscheidungen werden in dieser Zeit von den Beteiligten des Sozialisations- und Bildungsprozesses getroffen.

4. Humankapital kann informell und formell erworben werden (in Institutionen oder informellen Gruppen).

5. Humankapital hat qualitative (Ruf der Bildungsinstitution, Sozialisationsrahmen etc.) und quantitative (Anzahl Schuljahre etc.) Aspekte.

6. Humankapital kann allgemein (Kenntnisse gesellschaftlicher Verhaltensregeln, etc.) oder spezifisch (Kenntnisse über einen Betrieb, Abläufe etc.) sein.

7. Es ist zwischen potentiellem (zur Verfügung stehend, nutzbar) und aktiven (tatsächlich genutzt) Humankapital zu unterscheiden. „ Jeder Mensch eignet sich während seines Lebens ein sehr breites Band von Wissen an. Ein Teil dieses Wissens wird in seinem Beruf sicherlich nicht als produktives Wissen mit einfließen."(Kamaras, 2003: S.15).

3.2.3 Humankapital und Bildungspositionierung von Kindern mit Migrationshintergrund

Zur Erklärung der Bildungsungleichheiten der Schüler und Schülerinnen mit Migrationshintergrund in der oben skizzierten Perspektive werden die Kapitalausstattungen der Familien betrachtet. Ein höherer Kapitalstock der Familie müsste sich demnach positiv auf die Bildungspositionierung der Kinder auswirken. Durch eine günstige Ausstattung von Human-, objektiviertem und institutionalisiertem kulturellem, ökonomischen und sozialem Kapital, müssten relevante Investitionen zur Bildung von Humankapital bei den Kindern eher gelingen als in Familien mit einem geringerem Kapitalstock. Dabei müssten Kinder aus autochthonen Familien einen Vorteil gegenüber ihren MitschülerInnen mit Migrationshintergrund besitzen, da die eingewanderten Eltern über Kapitalien verfügen, die im Aufnahmekontext an Wert verlieren weil deren Besitz im Aufnahmekontext weniger relevant sein kann. Soremski spricht von Studien die: „… in Anlehnung an Bourdieu (1983) auf eine Entwertung oder mangelnde Verfügbarkeit von kulturellem, sozialem und ökonomischen Kapital der Familien in der Migrationssituation…"(Soremski, 2009:S.52) hinweisen.

Baumert et al. skizzieren unter Berücksichtigung oben ausgeführter Vorüberlegungen ein Modell, das den Erwerb von Lesekompetenzen erklären soll. Sie inkludieren darin psychologische Merkmale (kognitive Grundfertigkeiten, decodier Fähigkeit, etc.) und sozial strukturelle Merkmale (Bildung, Migration, (Prozessmerkmale: konsumtive, kulturelle und soziale Praxis der Familien))(Baumert et al.,2003:S.58) und formulieren folgende Hypothesen:
- die Ausstattung familiärer Kapitalien (Strukturmerkmale) wirkt sich auf die Bildungsbeteiligung und den Kompetenzerwerb in der Sekundarstufe aus.
-unterschiedliche familiäre Kapitalausprägungen verursachen eine kulturelle und soziale Praxis die in jeder Familie verschieden ist. Diese Prozessmerkmale beeinflussen vermittelt über Prozessmerkmale die Bildungsbeteiligung bzw. den Kompetenzerwerb. (Baumert et al.,2003: S.59).

Das Ergebnis der Untersuchung von Baumert et al. ist: „Mithilfe von Strukturgleichungsmodellen konnte belegt werden, das sich die soziale und kulturelle Herkunft im Zusammenspiel von Struktur- und Prozessmerkmalen familiärer Lebensverhältnisse auf Bildungsbeteiligung und Kompetenzerwerb in der Sekundarstufe auswirkt."(2003:S.68) Je höher das kulturelle, soziale und ökonomische Kapital, desto besser die Fähigkeit zum Erwerb weiterer Kompetenz und desto besser die Fähigkeit sich im Bildungssystem vorteilhaft zu positionieren. Weiter heißt es: „Der Migrationsstatus einer Familie ist in den alten Ländern der Bundesrepublik ein sozial, bildungsmäßig und kulturell- insbesondere im Hinblick auf das generative Verhalten- unterscheidendes Merkmal."(Baumert et al.,2003: S.68). Der Migrationsstatus wirkt sich in den alten Bundesländern auf den Kapital Erwerb der Akteure negativer aus als in den neuen Ländern.

Baumert et al. stellen fest, dass die günstige Ausstattung des Sozialisationsraumes der Kinder mit verschiedenen Kapitalsorten die Bildung von Humankapital der Kinder begünstigt und sie dazu befähigt, sich besser im Bildungssystem zu positionieren. Weiter wird festgestellt, dass sich der Status Migrationshintergrund in den alten Bundesländern ungünstiger auf die Fähigkeit auswirkt vorhandenes Kapital in die Bildung von inkorporiertem Kapital der heranwachsenden Kinder zu investieren. Verschärft wird dieser Aspekt, wenn MigrantInnen differenziert nach Nationalitäten betrachtet werden. So untersuchen Granato und Kristen die „Bildungsinvestitionen von Migratenfamilien", sie folgen ebenfalls den oben herausgearbeiteten Annahmen: „Erzielte Bildungsabschlüsse werden im Folgenden als Resultat einer Vielzahl von Investitionen aufgefaßt[!], die im Laufe einer individuellen Schulkarriere getätigt werden. Zur Realisierung höherer Bildungsabschlüsse können die Individuen die ihnen jeweils zur Verfügung stehenden Ressourcen, Eigenschaften, Positionen, Güter etc. einsetzen." (2007: S.25). Ebenso wie Baumert et al. kommen sie zu dem Ergebnis, dass eine günstige Ausstattung der Kapitalsorten der Migrantenfamilien sich günstig auf den Kapitalerwerb ihrer Kinder auswirkt. Weiter können sie zeigen, dass Angehörige unterschiedlicher Nationen verschieden hohe Investitionskosten zu tragen haben. So profitieren griechische Kinder von den getätigten Investitionen ihrer Eltern mehr, als türkische Kinder bei ähnlicher Kapitalausstattung. (Granato, Kristen, 2007:S. 38 ff.). So ist nicht nur wie von Baumert et al. skizziert wurde, die Effektivität getätigter Investitionen in die Bildung inkorporierten Kapitals abhängig davon wohin Akteure migrieren, sondern auch davon zu welcher Nationalität oder Ethnie die Migrierenden angehören.

Kalter und Granato untersuchen: „Die Persistenz ethnischer Ungleichheiten auf dem deutschen Arbeitsmarkt" und betrachten in ihrer Untersuchung, MigrantInnen differenziert nach Zugehörigkeit unterschiedlicher Nationalitäten und kommen zu dem Schluss: „Innerhalb des Angestelltenbereichs bleiben Italiener, Türken und

(Ex-) Jugoslawen der zweiten Generation also auch dann schlechter gestellt, wenn man die Bildungsabschlüsse berücksichtigt. Für Griechen, Spanier und Portugiesen der zweiten Generation lassen sich hingegen auch in diesem Teil des Arbeitsmarktes keine Benachteiligungen mehr feststellen."(Granato, Kalter, 2001: 517). Die Autoren stellen fest, dass ethnische Unterschiede bestehen, trotzdem den unterschiedlichen Gruppen in gleichem Maße verschiedene Kapitalien zur Verfügung stehen.

3.2.4 Kritik

Die in den obigen Abschnitten diskutierte Perspektive betrachtet Bildung als Kapital das investiert werden kann, um andere Kapitalsorten zu akkumulieren. Bildung als Kapital kann jedoch nicht nur zur Investition der Akkumulation anderer Kapitalsorten genutzt werden, sondern ist ebenfalls von dem Umstand betroffen, dass zur Gewinnung der Kapitalsorte kulturelles Kapital (Bildung) Investitionen getätigt werden müssen. Diese Investitionen werden bei Akteuren, die noch nicht über eigenes Kapital verfügen, vornehmlich durch Eltern und andere Personen getätigt, die an der Bildung und Sozialisation der Kinder beteiligt sind.

Während der Sozialisation, Bildung und Erziehung der Kinder steht die Gewinnung von Humankapital im Vordergrund. Diese Kapitalsorte (inkorporiertes kulturelles Kapital) beinhaltet instrumentelle Fertigkeiten und Fähigkeiten der Akteure und wird benötigt, um vorhandenes Kapital möglichst effektiv für den Gewinn weiteren Kapitals zu investieren und Transformationskosten zu senken. Damit ist Humankapital die wichtigste Kapitalsorte der Akteure, ohne die sie nicht in der Lage wären, Kapitalien zu nutzen oder zu gewinnen. Bei der Bildung von Humankapital ihrer Kinder, nutzen Eltern die ihnen zur Verfügung stehenden Ressourcen. Jedoch nur jene Kapitalien die im Sozialisationskontext Relevanz besitzen, sind für eine Investition geeignet, inkorporiertes kulturelles Kapital auszubilden, das dazu dienen kann kulturelles Kapital zu akkumulieren, welches im Majoritätskontext Relevanz besitzt. So haben Kinder einen Nutzen durch die Investition des inkorporierten kulturellen Kapitals „Sprache". Dadurch, dass Eltern dieses Kapital und Zeit investieren, sind Kinder in der Lage, dieses Kapital zu inkorporieren und zu nutzen, so werden weitere Bildungsinhalte zugänglich.

Ist die Sprache die in Migrantenfamilien genutzt wird, eine andere als im Majoritätskontext, so haben diese Kinder Schwierigkeiten Kapitalsorten der Mehrheitsgesellschaft zu akquirieren. Dürften aber so leichter Zugang finden zu Kapitalsorten, die im

Minoritätskontext verfügbar sind. Der Wert von Kapital ist kontextabhängig, Fertigkeiten und Fähigkeiten die in dem einen Kontext sinnvoll und brauchbar sind, können in einem anderen weniger wertvoll sein. Ob so von einer Entwertung oder Teilentwertung von Kapitalien gesprochen werden kann ist fraglich.

Im Kapitel 3.2.3 wurde dargestellt, dass Autoren heute in der Lage sind, nachzuweisen, dass sich eine günstige Ausstattung der Eltern mit Kontext relevanten Kapitalsorten günstig auf die Bildung von Humankapital und dem Erwerb institutionalisierten Kapitals bei ihren Kindern auswirkt. Weiter konnte gezeigt werden, dass es hinsichtlich des Status ‚Migration' Effekte gibt die auf den Humankapitalerwerb der Kinder wirken. Zum einen existiert der Effekt Wohnort, je nachdem ob MigrantInnen in die neuen oder alten Länder der Bundesrepublik ziehen, wirkt sich diese Entscheidung auf die Fähigkeit aus, erfolgreich in die Bildung inkorporierten kulturellen Kapitals ihrer Kinder zu investieren. Dabei gelingt ihnen diese Investition besser wenn sich ihr Wohnort in den neuen Bundesländern befindet. Weiter hat die Zugehörigkeit der Akteure zu einer Ethnie, einen Effekt auf die Effektivität getätigter Investitionen. Wie viel die von MigrantInnen getätigten Investitionen bewirken, hängt also davon ab, ob sie sich entscheiden, in die neuen oder alten Bundesländer zu migrieren und zum anderen davon welcher Ethnie sie angehören. An dieser Stelle erschöpft sich die Erklärungskraft kapitalorientierter Erklärungsansätze.

Es wird davon ausgegangen, dass Wanderung bereits akkumuliertes Kapital voll- oder teilentwertet. So müsste zu erkennen sein, dass eine Kapitalsortenausstattung X, zu der Kapitalbildung Y führt. Es ist fraglich, ob von einer Entwertung oder Teilentwertung vorhandener Kapitalien ausgegangen werden kann, da vorhandenes Kapital nicht nur für den Majoritätskontext sondern auch für den Minoritätskontext zur Verfügung steht[5]. So beschreiben die Studien ein Bild, in dem Angehörige der türkischen Ethnie wesentlich höhere Investitionskosten tragen müssen, als Angehörige anderer Ethnien, bei gleicher Kapitalausstattung. Diese Perspektive kann somit nicht erklären, warum einige Nationalitäten besser in der Lage sind, sich im deutschen Bildungssystem zu positionieren als andere. Oder wie zu beurteilen ist, dass sich Kinder griechischer Eltern, bei ähnlicher Kapitalausstattung, wesentlich besser im deutschen Bildungssystem positionieren als deutsche SchülerInnen (Kristen,Granato,2007: S.38). Dies scheint Ausdruck eines Mechanismus oder Prozesses zu sein, den es zu entdecken gilt. Ein Me-

---

[5] Kapitalien die im Majoritätskontext keine Relevanz besitzen, können im Minoritätskontext wertvoll sein. Diese eignen sich dort besser für Investitionen um ethnisch spezifisches Kapital zu akkumulieren.

chanismus, der in der Lage ist zu erklären, warum einige MigrantInnen weniger von den ihnen zur Verfügung stehenden Kapitalien profitieren als Autochthone oder Angehörige anderer Ethnien. Besitzen Erklärungsansätze die die Ursachen für Bildungsungleichheiten in den strukturellen Merkmalen von Bildungsorganisationen ausmachen einen höheren Erklärungsgehalt?

3.3. Institutionelle Diskriminierung

Erklärungsansätze, die im Abschnitt 3.1 und 3.2 betrachtet wurden, sind nach Diefenbach Perspektiven zu zuordnen, die die Merkmale der Migrantenkinder oder ihrer Eltern in den Ursachenfokus rücken. Sie können begrenzt einen Beitrag zu Erklärung dokumentierter Bildungsungleichheiten von Kindern mit Migrationshintergrund leisten, können jedoch nicht genau erklären, worin die Wirkung des Migrationshintergrundes bei der ungleichen Bildungspositionierung der SchülerInnen liegt. Eine andere Herangehensweise bergen Erklärungsansätze, die Bildungsorganisationen und ihrer Strukturen in den Ursachenfokus rücken. Neben den betrachteten strukturellen Merkmalen von Bildungsorganisationen wie Klassenkomposition, Lehrereffekte, Klassengröße oder Eignung des Lehrmaterials etc. scheint institutionelle Diskriminierung in Bildungsorganisationen ein gut dokumentiertes Phänomen zu sein, das vor allem an den Gelenkstellen des Bildungssystems zum Tragen kommt und die ungleiche Bildungspositionierung von SchülerInnen mit Migrationshintergrund erklären kann.

Im folgendem Abschnitt werden die Grundüberlegungen institutioneller Diskriminierung vorgestellt, in einem ersten Schritt wird geklärt, was unter Institutionen und Organisationen verstanden wird, wie sie sich unterscheiden und welchen Einfluss sie auf einander haben. Die ganze Breite organisationssoziologischer Diskussion kann hier nicht eröffnet werden, so werden nur jene Teile berücksichtigt, die die Grundlage zur Studie institutioneller Diskriminierung bilden. Weiter wird erläutert, was unter Diskriminierung zu verstehen ist, welche Formen es gibt und welche für den Erklärungsansatz relevant sind.

3.3.1. Institutionen und Organisationen

Der Neo-Institutionalismus gründet sich auf dem Institutionsbegriff von Berger und Luckmann. Münch resümiert die Autoren folgendermaßen: „Eine **Institution** [Hervorhebung i.O.] besteht aus Regeln, die eine spezielle Art des Verhaltens unter bestimmten Menschen regulieren, die ein Milieu, eine Gruppe, Organisation oder Gesellschaft bilden."(2004:S.215). Ähnlich heißt es bei Walgenbach: *„Institutionalisierung als Zustand bezieht sich auf Situationen, in denen die von der Gesellschaft oder Kultur geteilte gedankliche Struktur der „Wirklichkeit" bestimmt, was Bedeutung besitzt und welche Handlungen möglich sind*[Hervorhebungen i.O.]."(1999:S.321). Institutionen werden durch einen Prozess erzeugt:*„Institutionalisierung als Prozeß[!] bezieht sich auf den Vorgang, durch den sich soziale Beziehungen und Handlungen zu nicht mehr zu hinterfragenden entwickeln, d.h. zu einem Bestandteil einer Situation werden, die als „objektiv gegeben" betrachtet wird.* [Hervorhebungen i.O.]. Prozeß meint auch das Moment der Vermittlung, in dem Akteure an andere Akteure weitergeben, was sozial als „wirklich" [dto.] definiert wird."(Walgenbach, 1999:S.321). Was als richtig oder relevant gilt, wird zwischen Akteuren ausgehandelt und die so entstandenen Wissensbestände sind für alle Beteiligten Akteure soziale Fakten (Koch, 2009: S.111) oder Deutungssysteme (Walgenbach, 1999: S.321).

Institutionen beinhalten grundlegende Regeln, die für Mitglieder von Gruppen, Organisationen oder Gesellschaften nur wenig reflektiert werden müssen, da sie davon ausgehen, dass diese ausgehandelten Regeln für alle die gleiche Gültigkeit besitzen. Institutionen entsprechen somit konstruierter Wirklichkeit, es spielt eine untergeordnete Rolle ob sie objektiv valide und reliabel sind, Institutionen sind valide und reliabel, wenn Akteure innerhalb einer Organisation, Gruppe oder Gesellschaft dies in Interaktion aushandeln. Das Handeln der Akteure ist in dieser Perspektive nicht durch rationales Handeln geleitet (Walgenbach, 1999: S.323). Vielmehr wird Rationalität ebenso als Institution betrachtet, als Gegebenheit die ausgehandelt wird. Rationales Handeln ist, was Mitglieder einer Gruppe, Organisation oder Gesellschaft als rational aushandeln. Rationalität ist ein Mythos der valide und reliabel ist, weil Akteure konstruieren, dass Rationalität valide und reliabel ist. (Meyer, Rowan, 2009). Das Handeln der Akteure ist von dem geleitet, was Akteure als Sinn konstruieren, wenn sie also Rationalität als Handlungsprämisse konstruieren, erst dann wird rationales Handeln in diesen Kontexten evident, erst dann müssen individuelle und organisationale Akteure sich dieser Institution angleichen um Sinnvoll handeln zu können.

Konstruierte Institutionen eröffnen ein organisationales Handlungsfeld. Handeln beispielsweise Akteure in Interaktion aus, dass Bildung und Erziehung wichtig für

Menschen sind, so eröffnen sie das Handlungsfeld Bildung und Erziehung, dass durch Organisation bestimmt ist. Wenn Bildung und Erziehung stattfinden muss, müssen die Akteure dieses Kontextes dafür sorgen, dass sie stattfindet. Dies tun sie, in dem sie das erwartete Handeln organisieren. So werden „Formale Organisationen … gemeinhin als Systeme von koordinierten und kontrollierten Aktivitäten verstanden, die entstehen, wenn Arbeit in komplexe Netzwerke technischer Beziehungen und in Bereichsgrenzen übergreifenden Austausch eingebettet ist. In modernen Gesellschaften entstehen formale organisationale Strukturen jedoch in hoch institutionalisierten Kontexten." (Meyer, Rowan, 2009:S.28; vgl. hierzu auch DiMaggio, Powell,2009: S.60).

Organisationen sind in hoch institutionalisierte Kontexte eingebettet, gleichzeitig wird davon ausgegangen, dass Organisationen dazu gebracht werden: „ … Praktiken und Prozeduren zu inkorporieren, die durch vorherrschende rationalisierte Konzepte von organisationaler Arbeit definiert werden und in der Gesellschaft institutionalisiert sind." (Meyer,Rowan, 2009: S.28 f.). Zum einen eröffnen Institutionen zu organisierende Handlungsfelder, zum anderen werden Organisationen in diesen Feldern von Institutionen durchdrungen die ihnen Prämissen zur Ausgestaltung ihrer Handlungen bereitstellen.

In diesem Zusammenhang liegt es nahe, von Institutionen unterschiedlicher Ordnung zu sprechen. Bleiben wir bei der ausgehandelten Institution Bildung, so kann davon ausgegangen werden, dass Akteure, die diese Institution konstruierten, wenig reflektieren ob diese überhaupt notwendig ist. So ist davon auszugehen, dass Bildung und Erziehung Institutionen grundlegender somit erster Ordnung sind. Während Deutungssysteme oder Wissenshaushalte zur Ausgestaltung der organisationalen Felder Institutionen zweiter Ordnung sind, die die Organisationen durchdringen und ihr Handeln lenken. Denn wie Organisationen strukturiert werden müssen, um ein Handlungsfeld zu organisieren, legen Deutungssysteme/Wissenshaushalte fest, die stärkerer Veränderung unterworfen sind als jene, die organisationale Handlungsfelder eröffnen. Um dies näher zu erläutern, bietet sich hier die aktuelle Bildungsdiskussion an. Zum einen existieren Vertreter, die von einem sozialen objektiven Tatbestand ausgehen, dass Bildung nur gut gelingen kann, wenn schwache und starke SchülerInnen zusammen lernen, dem gegenüber stehen Vertreter der Institution „Bildung nach Eignung", so sind diese Vertreter der Auffassung das Bildung nur dann gut gelingen kann, wenn jeder hinsichtlich seiner Fähigkeiten gefördert wird.

Institutionen zweiter Ordnung beinhalten Regeln, die in Handlungen ausgehandelt werden, soziale Fakten darstellen und von den Akteuren wenig reflektiert werden müssen (Vgl. Meyer, Rowan, 2009:S. 29). Von diesen Institutionen zweiter Ordnung sind Organisationen durchdrungen. Rowan und Meyer(2009) sprechen hier auch von Mythen, da davon ausgegangen wird, dass diese Regeln funktionieren, sich aber in den spezifischen Situationen nicht beweisen müssen. So gilt zum Beispiel die formale Strukturierung von Organisationen in postindustriellen Gesellschaften als valide und reliabel, unabhängig davon, ob dies die Anforderungen der Arbeitsaktivität der Organisation wiederspiegelt (Meyer, Rowan, 2009: S.29). Koch schreibt zu den Mythen: „Sie existieren demnach nicht nur in abstrakter, allgemeiner Form, sondern als hochgradig konkretisierte ‚Rezepte' der Gestaltung von Organisationen (beispielsweise Qualitätsmanagementsysteme, Schulprogramme,…)."(2009:S.112). Institutionen zweiter Ordnung beinhalten Blaupausen für Organisationen die ein organisationales Feld auf legitime Art und Weise organisieren. Akteure die organisieren, sind bestrebt, ihr Handeln zu legitimieren um die Zustimmung ihrer Umwelt zu erhalten und damit einhergehend auch Zugriff auf die in der Umwelt befindlichen Ressourcen.

3.3.2. Legitimation und Isomorphie

Rowan und Meyer stellen heraus, dass es zwischen formaler Struktur und der tatsächlichen Arbeitsaktivität von Organisationen zu unterscheiden gilt, da „…eine breite Kluft zwischen formaler und informeller Organisation bestehe…" (2009: S.30f.). Sie betrachten als Quelle formaler Strukturen den Prozess der Legitimierung. So argumentieren sie, dass in modernen Gesellschaften die Validität und Reliabilität von Deutungssystemen durch das Erziehungssystem, Ansichten wichtiger Konstituenten oder durch die öffentliche Meinung legitimiert wird. „Solche Elemente formaler Struktur sind Manifestationen von wirkungsmächtigen institutionellen Regeln, die als hoch rationalisierte und für Organisationen bindende Mythen fungieren." (Meyer, Rowan, 2009: S.32). Durch die Inkorporation dieser Mythen „… demonstriert eine Organisation, dass sie kollektiv geschätzte Anliegen auf angemessene und adäquate Weise verfolgt." (Meyer, Rowan, 2009:S.39). Organisationen werden so legitim „… und sie nutzt ihre Legitimität, um die ihr gewährte Unterstützung zu verstärken und ihr Überleben zu sichern." (Meyer, Rowan, 2009:S.39).

Ohne Legitimität hätten Organisationen geringeren Zugang zu Ressourcen, die sie für ihre Arbeitsaktivitäten benötigen. So sind sie bestrebt, sich den Handlungserwartungen ihrer Umwelt anzupassen. Diese Isomorphie „…hat bedeutende Konsequenzen für Organisationen: (a) sie inkorporieren Elemente, die mehr extern als in Hinsicht auf ihre Effizienz legitimiert sind; (b) sie verwenden externe oder zeremonielle Bewertungskriterien, um den Wert der strukturellen Elemente zu definieren; und (c) die Abhängigkeit von extern festgelegten Institutionen verringert Turbulenzen und erhält Stabilität aufrecht. Als Folge, so wird hier argumentiert, fördert institutionelle Isomorphie den Erfolg und Erhalt von Organisationen." (Meyer, Rowan, 2009:S.39).

Es existieren zwei Formen der Isomorphie[6], zum einen kompetitive und zum anderen institutionelle. Kompetitiver Isomorphismus ist die Angleichung der Handlungsstrukturen einer Organisation auf Grund von Wettbewerbsbedingungen. Demnach würden Organisationen jene Strukturen inkorporieren, die ihnen einen Vorteil gegenüber anderen Organisationen eines Handlungsfeldes eröffnen. DiMaggio und Powell wenden jedoch folgendes ein: „Organisationen konkurrieren nicht nur um Ressourcen und Kunden, sondern auch um politische Macht und institutionelle Legitimität, um soziale ebenso wie um ökonomische Fitness."(2009: S.63). So werden von Organisationen, wie Meyer und Rowan behaupten, Institutionen zweiter Ordnung dann inkorporiert, wenn diese ihnen einen Legitimitätsanspruch gewähren. Kompetitive Isomorphie findet sich eher in organisationalen Feldern, in denen ungehinderter Wettbewerb besteht.

Für die Erklärung der Erzeugung von Legitimität bei Bildungsorganisationen bietet sich jedoch die institutionelle Isomorphie an. Institutionelle Isomorphie kann erzwungen sein, durch mimetische Prozesse oder durch normativen Druck entstehen. Mimetische Prozesse finden dort statt wo Organisationen „…einem Problem mit mehrdeutigen Ursachen oder ungewissen Lösungen gegenübersteht, [dann] kann Nachahmung zu einer praktikablen kostengünstigen Lösung führen."(DiMaggio, Powell,2009: S.66). So sind Organisationen bestrebt, in Situationen in denen keine eindeutigen legitimen Handlungsprämissen existieren, jene Strukturen zu kopieren die sie in der Umwelt als legitimer oder erfolgreicher wahrnehmen(DiMaggio, Powell, 2009:S.68).

---

[6] Isomorphie meint einen Prozess, bei dem Organisationen die für sie relevanten Institutionen zweiter Ordnung herausfiltern. Regeln und Deutungshaushalte die für Organisation relevanter erscheinen werden gegenüber anderen existierenden Institutionen zweiter Ordnung genutzt, um die Legitimität der Organisation von Arbeitsaktivitäten nach außen zu erhöhen.

Isomorphie durch normativen Druck entsteht durch Professionalisierungsprozesse. DiMaggio und Powell verstehen unter Professionalisierung „... die kollektiven Anstrengungen einer Berufsgruppe, die Bedingungen und Methoden ihrer Tätigkeit selbst zu definieren,..."(2009:S.68). Dies tun sie, um die Profession zu legitimieren und die Autonomie der Berufsgruppe zu erhöhen. Es entstehen Institutionen zweiter Ordnung, die festlegen, was und wie eine Berufsgruppe etwas macht. So ist darin ausgehandelt, was Lehrer tun und wie sie es tun. Handeln Professionelle aus, das bestimmte Regeln besser geeignet sind die von ihnen umgesetzten Aktivitäten durchzuführen, so sind Organisationen um ihre Legitimität zu wahren, dem Druck ausgesetzt, diese neuen Mythen zu inkorporieren.

Um gute Professionelle an die Organisation zu binden, ist es für Organisationen nötig ähnliche Strukturen zu schaffen, wie Organisationen die in der Lage sind, qualifizierte Akteure zu binden. DiMaggio und Powell resümieren dies folgendermaßen: "Diese Ergebnisse legen ein allgemeineres Muster nahe. In organisationalen Feldern mit vielen, gut ausgebildeten Arbeitnehmern herrscht in erster Linie ein Statuswettbewerb. Organisationales Prestige und organisationale Ressourcen stellen die entscheidenden Faktoren dar, um professionelle Mitarbeiter anzulocken. Hierdurch wird ein Homogenisierungsprozess verstärkt, denn die Organisationen bemühen sich, ihrer Belegschaft die gleichen Leistungen und Vorteile wie ihre Konkurrenten anbieten zu können."(2009: S.72)

3.3.3 Organisationen als lose „gekoppelte Systeme"

Organisationen strukturieren sich durch Institutionen zweiter Ordnung, unabhängig davon ob diese Strukturen für ihre Aktivitäten tatsächlich förderlich sind oder nicht. Dies tun sie um von ihrer Umwelt Unterstützung zu erhalten. Dazu schreibt Weick: „... Organisation tut, was sie tut, weil es Pläne gibt, eine intentionale Auswahl von Methoden, die die Organisation dazu bringen, sich auf Ziele zu verständigen – und all dies wird erreicht durch so rationalisierte Verfahren wie Kosten-Nutzen-Analysen, Arbeitsteilung, spezifizierte Ermessensbereiche, mit Amtsautorität, Arbeitsplatzbeschreibungen und einem konsistenten System von Evaluation und Belohnung. Das einzige Problem mit einem solchen Bild ist, dass es in der Realität selten anzutreffen ist."(2009.S.86). Für das Bildungssystem bedeutet dies: „Angesichts der wohldurchdachten, aber weithin unterschiedlichen Ansätze gibt es eine Bemerkenswerte Konstanz der Bildungsergebnisse. Gelegentlich führen wir neue Ansätze und neue Methodologien ein und schenken neuen Wundermitteln unser Vertrauen. Zumindest aber fallen wir in den Chor neuer Schlagworte ein. Doch der schulische Fortschritt innerhalb der Klassenräume vollzieht sich im immergleichen[!] Tempo und weigert sich beharrlich, mit den klugen neuen Maximen, die den Konferenzräumen entspringen, zu kooperieren…"(Stephens, 1967:S.9-11. Hier zitiert nach: Weick, 2009:S.86).

Weick spricht sich hier für eine Perspektive der losen Kopplung aus, um diese Phänomene erklären zu können. „Mit loser Kopplung sucht der Autor deutlich zu machen, dass gekoppelte Ereignisse aufeinander reagieren, *aber*[Hervorhebung i. O.] dass jedes Ereignis auch seine eigene Identität sowie Spuren des physischen und logischen Getrenntseins behält."(Weick, 2009:S.88). Der Mehrwert dieser Perspektive besteht für ihn in sieben Punkten(Weick, 2009:S.92 ff.):

1. Teilen einer Organisation ist das Fortbestehen erlaubt, die effektiv für Arbeitsprozesse funktionieren aber eine Einbuße der Legitimität zur Folge hätten. Das gleiche gilt für den umgekehrten Fall, dass Teile einer Organisation fortbestehen können die weniger funktional für die umgesetzten Aktivitäten sind jedoch ein Zugewinn an Legitimität versprechen. So erlaubt das Prinzip der losen Kopplung, Organisationen nicht auf jede kleine Veränderung der Umwelt reagieren zu müssen.

2. Ein weiterer Vorteil loser Kopplung ist, dass dieses Systeme „viele unabhängige Wahrnehmungselemente enthalten und daher ihr Umfeld besser „kennen"[Hervorhebung i.O.] als eng gekoppelte Systeme, die über weniger extern beschränkte und unabhängige Elemente verfügen. Dieser Verbesserung der Wahrnehmung steht gegenüber, dass das System zunehmend anfälliger wird für die Erzeugung launenhafter Reaktionen und Interpretationen."(Weick, 2009: S.93).

3. Der dritte Vorteil besteht darin, das sich ein so gekoppeltes System an lokale Gegebenheiten anpassen kann, dies kann jedoch zum Beispiel im Bereich Erziehung und Bildung zu einer Reduktion „erzieherischer Demokratie führen"(Weick, 2009:S.93).

4. Diese Systeme können an einer Vielzahl von Problemlösungsstrategien festhalten, auch wenn die formale Inkorporation dieser Lösungsmöglichkeiten einen Verlust von Legitimität für die Organisation bedeuten würde. So kann dieses System auf Innovationen zugreifen gleichzeitig kann es sich auch gegen bestimmte Problemlösungsstrategien sperren.

5. Bricht ein System zusammen, so ist dieses abgeriegelt von der Organisation und muss zwangsläufig nicht dazu führen das die gesamte Organisation zusammenbricht.

6. In lose gekoppelten Systemen existiert mehr Raum für Selbstbestimmung als in eng gekoppelten Systemen. Die lose Kopplung von Handlung und Intentionen ermöglicht Lehrern selbstbestimmt zu handeln und diese Handlung im Nachhinein auf Organisationsintentionen verweisen zu lassen (Weick, 2009:S.94 f.).

7. Das Leiten lose gekoppelter Systeme ist für Organisationen günstiger, da durch die oben genannten Vor- und Nachteile eine Selbstbestimmung der einzelnen funktionalen Systeme möglich ist.

Unter diesen Gesichtspunkten ist es für Organisationen evident, gegenüber ihrer Umwelt, Legitimität für ihre Unternehmungen zu erzeugen und aufrecht zu erhalten. Denn lose gekoppelte Systeme können auch Arbeitsmethoden verwenden die weniger legitim sind, die originäre Aufgabe formaler Strukturen in Organisationen ist hierbei das Handeln ihrer Systeme nach außen zu legitimieren.

3.3.4. Institutionelle Diskriminierung

Institutionelle Diskriminierung deutet in der Begrifflichkeit schon an, dass Institutionen zur Diskriminierung verwendet werden. Im Folgenden wird herausgestellt, was unter Diskriminierung zu verstehen ist und wie Institutionen dafür genutzt werden. Diskriminierung bedeutet nach Hillmann: „ … Ungleichbehandlung, im soziolog. Sinne ungleiche, herabsetzende Behandlung anderer Menschen nach Maßgabe bestimmter Wertvorstellungen oder aufgrund unreflektierter, z.T. auch unbewusster Einstellungen, Vorurteile und Gefühlslagen. Der Begriff D. erhält seine soziale Relevanz erst unter Bezug auf die in einer Gesellschaft postulierten spezifischen Gleichheits- bzw. Gleichbehandlungsgrundsätze."(2007: S.154). Dies bedeutet das diskriminierte Individuen Merkmale haben müssen anhand derer sie diskriminiert (ungleich behandelt) werden können. Diese ungleich Behandlung kann jedoch nur in Kontexten auftreten in denen definiert ist wie eine Gleichbehandlung auszusehen hat. *„Jeder junge Mensch hat ohne Rücksicht auf seine wirtschaftliche Lage und Herkunft und sein Geschlecht ein Recht auf schulische Bildung, Erziehung und individuelle Förderung. Dieses Recht wird nach Maßgabe dieses Gesetzes gewährleistet*[Hervorhebung M.H.]." (Schulgesetz NRW §1 Abs.1). Hier ist das Gleichheitsgebot festgeschrieben, wenn nun einige Gruppen auf Grund der

Zugehörigkeit zu bestimmten Merkmale nicht den gleichen Zugang zu Bildung, Erziehung und individueller Förderung bekommen, ist von Diskriminierung die Rede.

Institutionelle Diskriminierung bedeutet so nach Gomolla und Radtke: „Gesellschaftliche Institutionen – so die vereinfachte Kernaussage dieser Ansätze – können diskriminierende Annahmen inkorporieren und diskriminierende Konsequenzen haben."(2007:S.43). Organisationen können Institutionen zweiter Ordnung nutzen um Handlungen die nach den formalen Strukturen innerhalb einer Organisation illegitim sind, zu legitimieren. Geschieht dies überproportional gegenüber einer Gruppe mit dem gleichen Merkmal, ist von institutioneller Diskriminierung die Rede. Zu unterscheiden ist hier noch zwischen den Formen direkt und indirekter institutioneller Diskriminierung. „Formen *direkter institutioneller Diskriminierung*[Hervorhebung i.O.] sind Feagin und Feagin zufolge regelmäßige, intentionale Handlungen in Organisationen. Dies können hochformalisierte, gesetzlich-administrative Regelungen sein, aber auch informelle Praktiken, die in der Organisationskultur als Routine abgesichert sind (implizit Übereinkünfte, ‚ungeschriebene Regeln'). Der Begriff der *indirekten institutionellen Diskriminierung*[dto.] zielt dagegen auf die gesamte Bandbreite institutioneller Vorkehrungen, die Angehörige bestimmter Gruppen überproportional negativ treffen."(Gomolla, 2010: S.67).

Gomolla und Radtke versuchen in ihrer Studie zur institutionellen Diskriminierung nachzuweisen, dass bei SchülerInnen mit Migrationshintergrund vermehrt auf Institutionen zweiter Ordnung während der Selektion/ Allokation zurückgegriffen wird. Die Autoren suchten in ihren Fallanalyse nach einem Pool von institutionellem Wissen, der hinsichtlich der SchülerInnen mit Migrationshintergrund situativ verschieden genutzt wird um Selektions- und Allokationsprozesse der Bildungsorganisationen zu erklären.

3.3.5. Institutionelle Diskriminierung und Bildungspositionierung von SchülerInnen mit Migrationshintergrund

Gomolla und Radtke konnten in ihren Studien zur institutionellen Diskriminierung Gelenkstellen des Bildungssystems als Wirkungsort für eben jenen Mechanismus ausmachen. Diskriminierend wirkt das Verhalten von Organisationen dadurch, dass sie bei der Gruppe der SchülerInnen mit Migrationshintergrund eher dazu neigen verschiedene

Deutungshaushalte in unterschiedlichen Kontexten zur Legitimierung von Allokations- und Selektionsprozesse zu nutzen, als für die autochthone Schülerpopulation.

Die Autoren halten für den Übergang Kindergarten-Grundschule fest: „Die Schulen suchen nach Ersatz für die V-Klassen, wenn sie Kinder nicht aufnehmen wollen, die erwartbar die Mitgliedschaftsrolle „SchülerInnen" nicht erfolgreich ausfüllen können. Dies ist aber nicht immer, sondern nur dann der Fall, wenn ihre Klassen zu voll sind, die soziale Belastung des Stadtteils allgemein sehr hoch ist und andere Unterstützungssystem fehlen. Mit anderen Worten: Bei der Einschulung von Migrantenkinder scheint vermehrt auf Strategien ‚sekundärer Differenzierung'(Niederberger 1984) zurückgegriffen zu werden, d.h. sie werden Optionen zugeordnet, die um die Regelklasse oder den Regelunterricht herum gelagert sind (z.B. Kindergarten, Schulkindergarten, Sonderklassen…)"(Gomolla,Radtke, 2007: S.190). Einschulungskriterium ist vor allem der Kindergartenbesuch. Dies gilt zwar für alle Kinder gleichermaßen, jedoch können die Autoren herausstellen, dass Kinder aus Migrantenfamilien in Verbindung mit fehlender Kindergartenzeit eng gekoppelt sind mit defizitorientierten Sichtweisen und führen so automatisch zu Rückstellungen (Gomolla, Radkte, 2007: S. 191).

Weiter hängt die Einschulung von den Sprachkompetenzen und dem Wohnort der Kinder mit Migrationshintergrund ab. An Sprachdefizite sind weitere Einschulungsvoraussetzungen gekoppelt wie die Autoren zeigen können. So gilt mangelnde Sprachfähigkeit, synonym für mangelnde kulturelle Passung zwischen Schule und SchülerInnen mit Migrationshintergrund/ Sozialisationskontext. Während Stadtteile mit einem hohem Anteil von MigrantInnen ein Beleg für den Deutungshaushalt Integrationsunwillige sind, die besonderer Förderung bedürfen(Gomolla, Radtke, 2009: S.192).

Die Autoren halten schließend fest: „Es ist davon auszugehen, daß[!] mit der Art und Weise, in der in der Einschulungsentscheidung die Schulfähigkeit der Lernanwärter begutachtet, diagnostiziert und Interpretationsschemata handhabbar gemacht wird, Weichen für den weiteren Bildungsverlauf gestellt werden."(Gomolla, Radtke, 2007: S.1929). Die Autoren weisen auf die Stigmatisierung von Kindern mit Migrationshintergrund hin, diese Stigmatisierung ist für andere Organisation wiederum ein Merkmal, dass ihnen Gelegenheit gibt, Selektions- und Allokationsmechanismen zu nutzen, die der Homogenisierung ihrer Arbeitsbedingung dient. Dabei lässt sich sagen: Je größer die Stigmatisierung desto größer scheint die Legitimität diskriminierender Handlungen durch die Organisation unter Verwendung institutionalisierter Deutungshaushalte.

An der Übergangsschwelle Grundschule – Sekundarstufe I machen die Autoren ebenfalls institutionelle Diskriminierung aus: „Eine Form der strukturellen Benachteiligung von Kindern mit Sprachdefiziten liegt in dem Umstand, daß [!] Vorbereitungsklassen zum Spracherwerb nur an einigen Hauptschulen, nicht aber an Realschulen oder Gymnasien existieren. … Als eine wesentliche Barriere für SchülerInneninnen aus ethnischen Minderheiten erweist sich die in allen Schulformen weitgehend Einschätzung, daß [!] perfekte Deutschkenntnisse für den Übergang auf ein Gymnasium unabdingbar sind." (Gomolla, Radtke, 2007: S.262). So schreibt Radtke 2004: „MigrantInnenkinder werden also nicht *direkt* [Hervorhebung i.O.] diskriminiert, sondern das meritokratische Prinzip der leistungsbezogenen Gleichbehandlung von Ungleichen führt, gerade weil keine Unterschiede gemacht werden, zu ihrer indirekten institutionellen Diskriminierung, die sich – unter bestimmten demographischen, bildungspolitischen oder besonderen lokalen Umständen – regelmäßig als Aussonderung, Zuordnung zur Hauptschule oder Abgang ohne Schulabschluß [!] zeigt." (S.158 f.).

Bildungsorganisationen handeln nach dem meritokratischem Prinzip und diskriminieren dabei SchülerInnen mit Migrationshintergrund deshalb, weil sie ihre Übergangsentscheidungen von Zugangsbarrieren abhängig machen, die von SchülerInnen mit Migrationshintergrund schwerer zu überwinden sind als von autochthonen. Die so erzeugten Allokations- und Selektionsergebnisse müssen hinsichtlich ihrer Umwelt legitimiert werden. Dies geschieht durch einen Rückgriff auf institutionalisierte – und damit legitime - kulturdeterministische Argumentationshaushalte (Radtke, 2004: S.159).

3.3.6. Kritik

„Die moderne Schule, so die Befunde der Studie, ist in der Tat bei ihren Inklusions- und Exklusionsentscheidungen an Nationalität oder ethnischer Herkunft uninteressiert; als Organisation geht es ihr vielmehr um Normalität, d.h. um Erwartungen, die sie an die Ausfüllung der SchülerInnenrolle als Mitgliedschaftsbedingung hat. Maßgeblich bestimmt werden die Entscheidungen darüber, ob die Mitgliedschaftsbedingungen als (noch) erfüllt gelten, von *Opportunität* [Hervorhebung i.O.], d.h. von institutionellen Gelegenheiten, bestimmte Entscheidungen überhaupt treffen, realisieren und begründen zu können. Die Entscheidungskriterien werden durch Ermessensspielräume >unscharf<

[dto.] gehalten, um sie im Lichte der jeweils gegebenen organisatorischen Möglichkeiten interpretieren zu können."(Radtke, 2004: S.157). Normalitätserwartungen im Bildungsbereich sind unter anderem „Beherrschung der Unterrichtssprache", „eine vorrangegangene Bildungskarriere" und „eine leistungsbezogene Homogenität der Lerngruppen" (Radtke, 2004: S.157). Während Organisationen diese Normalität herstellen, diskriminieren sie bestimmte Mitglieder wenn sie Gelegenheit dazu haben und Institutionen zweiter Ordnung existieren, die dieses Handeln legitimieren.

Kristen versucht diesen Mechanismen quantitativ nachzuspüren und argumentiert, dass schon während der Notenvergabe erkennbar sein müsste, dass bestimmte SchülerInnenpopulationen benachteiligt werden. Dies würde auf einen Normalisierungsprozess von Organisationen hindeuten, der Ursache für institutionelle Diskriminierung darstellt. So schreibt sie: „Gegen einen unmittelbaren Rückschluss auf Diskriminierung bei der Notenvergabe spricht aber auch, dass sich der ethnische Nachteil nur an der Deutschnote, nicht aber an der Note im Fach Mathematik festmachen lässt. Geht man davon aus, dass die beobachteten ethnischen unterschiede die Folge von Diskriminierung sind, so würde dies bedeuten, dass die Lehrerinnen und Lehrer Migrantenkinder nur in bestimmten Fächern diskriminieren, sich in anderen Fächern dagegen an das meritokratische Prinzip halten." (2006: S.90). Weiter kommt sie hinsichtlich der Übergangsempfehlung - orientiert an den Mathematik- und Deutschnoten - zu dem Ergebnis: „Türkische und deutsche Kinder weisen damit bei gleichen Zensuren auch nahezu identische Chancen auf eine Empfehlung für einen der beiden höheren Bildungsgänge auf. Insgesamt ergeben die Analysen also keine Hinweise darauf, dass die Lehrerinnen und Lehrer Empfehlungen in Abhängigkeit der ethnischen Herkunft aussprechen." (2006:S.92). Kristen kann quantitativ nur Indizien finden, die auf Diskriminierung hindeuten. Gleichzeitig stellt sie heraus, dass diese Ergebnisse auch andere Ursachen haben könnten. Sie zielt jedoch mit ihrer Untersuchung am Phänomen institutioneller Diskriminierung vorbei.

Gomolla und Radtke stellen heraus, dass Organisationen bestrebt sind, alle SchülerInnen gleich zu behandeln, eine Leistungsbewertung der SchülerInnen aufgrund ethnischer Präferenzen wäre für keine Organisation zu legitimieren, so sind sie bestrebt, eben dies zu unterlassen (2007:S. 229 ff.). Sie nutzen institutionalisierte Argumentationshaushalte, um Normalitätsprozesse zu legitimieren die überproportional bestimmte

SchülerInnenpopulationen betreffen. Dazu neigen Organisationen jedoch nur, wenn sich Gelegenheiten ergeben.

Die Frage, die sich jedoch aus den Überlegungen und Befunden von Gomolla und Radtke ergibt, ist: Warum sind SchülerInnen unterschiedlicher ethnischer Zugehörigkeit in einem unterschiedlichen Maß von Diskriminierung durch Bildungsorganisationen betroffen? Weiter bleibt unklar, warum die Ungleichheit der Bildungspositionierung von SchülerInnenn mit Migrationshintergrund so persistent ist. Institutionen zweiter Ordnung sind Deutungshaushalte, oder Wissensbestände, die zwar als soziale Fakten betrachtet werden, sie sind jedoch eher Änderungen unterworfen als Institutionen erster Ordnung. Damit Deutungshaushalte stets als legitim gelten, müssen sie fortlaufend verifiziert werden. Wie kommt es also, dass diese Deutungshaushalte immer wieder als legitim reproduziert werden, immerhin gibt es auch Erfolgsmodelle von SchülerInnen der Ethnien, die eher institutioneller Diskriminierung ausgesetzt sind als andere. Warum kommt es zum Beispiel zu negativer oder positiver Diskriminierung? Radtke argumentiert, dass hier lokale Gegebenheiten der Eigenproblemlösung von Organisationen eine Rolle spielen könnten (Radtke, 2004:S. 160). Wenn es jedoch Orte gibt, in denen Schulen SchülerInnen mit Migrationshintergrund positiv diskriminieren, wieso finden diese Erfolgsmodelle keinen Niederschlag im Deutungshaushalt von Organisationen? Ebenfalls interessant sind auch die von Kristen gemachten Befunde, dass Deutschnoten allgemein schlechter ausfallen als es die Testleistungen der SchülerInnen, die sie untersucht, nahelegen.

Diese offenen Fragen legen nahe, dass Mechanismen existieren, die auf Angehörige unterschiedlicher Ethnien einen verschiedenen Einfluss haben. Diese Mechanismen oder Prozesse können dafür verantwortlich sein, warum bestimmte Populationen eher diskriminiert werden als andere, wieso Diskriminierung persistent sein kann und hinsichtlich anderer Gruppen eben nicht. Oder warum Organisationen an einigen Orten eher Gelegenheit besitzen einige Ethnien zu benachteiligen als an anderen Orten.

Auch der Erklärungsansatz der institutionellen Diskriminierung kann Bildungsungleichheiten von SchülerInnen mit Migrationshintergrund nicht umfänglich erklären. Ebenso wie bei kapitaltheoretische Perspektiven bleibt die Frage offen, warum sich SchülerInnen verschiedener Ethnien unterschiedlich im Bildungssystem positionieren können oder warum sie unterschiedliche Leistungen erbringen. Im folgenden Kapitel wird resümiert, was von den hier vorgestellten Perspektiven unter Berücksichtigung der

Kritiken noch bleibt und ob sich die hier Exemplarisch herausgegriffenen sehr verschiedenen Perspektive eignen, Bildungsungleichheiten von MigrantInnen zu erklären.

3.4. Zwischenfazit

In den Kapiteln 3.1.- 3.3. wurden exemplarisch drei sehr verschiedene Erklärungsansätze herausgegriffen, anhand deren untersucht werden sollte, ob sich Bildungsungleichheiten von MigrantInnen erklären lassen. Es wurde versucht, die Grundannahmen, Ergebnisse und die Grenzen der Ansätze herauszuarbeiten um diese hinsichtlich ihrer Erklärungskraft zu bewerten. Im folgendem wird versucht die Ausgangsfrage: *„Sind bestehende Erklärungsansätze in der Lage Bildungsungleichheiten von SchülerInnen mit Migrationshintergrund zu erklären?",* zu beantworten. Dazu werden die Ansätze noch einmal schematisch dargestellt und die offen gebliebenen Fragen resümiert.

Die Erklärungsansätze wirken diametral, die Kategorisierung von Diefenbach (2007:S.88) stellt dies sehr gut dar. Zum einen sind Perspektiven zu erkennen, die die Ursachen der Bildungsungleichheiten den Merkmalen der MigrantInnen zusprechen oder aber die Ursachen in der Ausprägung des Kapitalstock des Sozialisationsraumes der Kinder mit Migrationshintergrund finden. Diese Erklärungsperspektiven lassen sich schematisch wie in Abbildung 1 darstellen.

Abbildung 1 Bildungsverlauf anhand der Sozialisation oder mangelnder Ausstattung mit Kontext relevanten Kapitalien

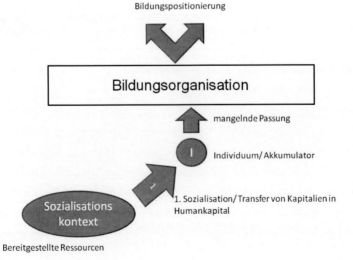

Entweder inkorporieren Kinder mit Migrationshintergrund während ihrer Sozialisation Werte, Normen und Fähigkeiten die verschieden sind von den geteilten Werten, Normen und Fähigkeitserwartungen der Bildungsorganisationen im Aufnahmeland, so dass eine mangelnde Passung kultureller Art hier die Ursache differenter Bildungspositionierung darstellt. Oder die den Eltern zur Verfügung stehenden Ressourcen werden als unterschiedliche Kapitalsorten begriffen, die von einer Ausdünnung oder Entwertung betroffen sind, und durch eine Verlegung des Lebensmittelpunktes über nationalstaatliche Grenzen hinaus verursacht werden.

Problematisch bei der Sozialisationsperspektive ist der Umstand, dass alle SchülerInnen mit Migrationshintergrund im gleichen Maße davon betroffen sein müssten. Tatsächlich gibt es jedoch hinsichtlich der Bildungspositionierung und Leistungen ethnische Unterschiede. Weiter existiert die Annahme, dass kulturell bedingte Sozialisationseinflüsse in jeder Generation geringer werden und dadurch eine bessere Bildungspositionierung möglich wird. Dies ist fraglich, sprechen doch Studien im Ausland dafür, dass es in der dritten Generation zu einem „ethnic revival" kommen kann (Isajiw, Makabe, 1997; vgl auch Oswald, 2007: S.95).

Kinder aus Migrantenfamilien müssten, aus kapitaltheoretischer Perspektive, weniger Humankapital beim Eingang in das Bildungssystem besitzen als autochthone Schulkinder. Diese ungleichen Startchancen lassen sich durch das Bildungssystem nicht kompensieren. Kristen, Granato, Kalter und andere Autoren konnten zeigen, dass sich eine günstige Ausstattung der Eltern mit verschiedenen Kapitalsorten günstig auf den Erwerb weiterer Kapitalien, wie kulturelles Kapital, von Kindern auswirkt. Weiter konnten Granato, Kristen 2007 zeigen, dass die Bildungspositionierung von SchülerInnen mit Migrationshintergrund nicht nur allein auf die Ausstattung von Kapitalsorten zurückzuführen ist. Sie zeigten, dass Angehörige unterschiedlicher Ethnien verschieden hohe Investitionen tätigen müssen um zu den gleichen Kapitalausprägungen inkorporierten kulturellen Kapitals zu gelangen wie Autochthone. MigrantInnen haben mit einem Mangel an Ressourcen zu kämpfen um in die Bildung von Humankapital ihrer Kinder zu investieren. Darüber hinaus scheint die ethnische Zugehörigkeit die Höhe der Investitionskosten zu determinieren.

Eine mögliche Erklärung für diesen Umstand könnte die durch Gomolla und Radtke (2007) untersuchte institutionelle Diskriminierung sein. Diese Autoren folgen einer neo-institutionalistischen Perspektive. Institutionen eröffnen ein Feld, das organisiert werden muss, wie zum Beispiel dem der Bildung. Organisationen die dieses Feld strukturieren, werden durch Institutionen zweiter Ordnung durchdrungen, diese determinieren ihr Verhalten. Diese Institutionen regeln, was als sozial wahr ist und als legitim gilt. Damit Organisationen Unterstützung durch ihre Umwelt erfahren, die über Ressourcen verfügt, an der die Organisation interessiert ist, ist sie bestrebt, ihr Handeln gegenüber dieser Umwelt zu legitimieren. Sie ist bei ihren Handlungen von Rationalitäts-Mythen durchdrungen und versucht ihre Aktivitäten nach rationalen Gesichtspunkten zu gestalten.

Rationalitäts-Mythen zur Gestaltung der Arbeitsaktivität von Organisationen implizieren Normalitätserwartungen, Vorstellungen von Rahmenbedingungen unter denen die Tätigkeiten der Organisationen am besten funktionieren. So ergreifen Organisationen Gelegenheiten, mit Hilfe von Selektions- und Allokationsprozessen, diese Normalität auch herzustellen. Dabei sind verschiedene SchülerInnenpopulationen von normalitätserzeugenden Prozessen eher betroffen als andere. Das die Selektions- und Allokationsprozesse für die Umwelt legitim und fair gelten ist dadurch geregelt, dass Organisationen zur Legitimierung ihrer Handlungen auf Institutionen zweiter Ordnung, zurückgreifen können.

Abbildung 2 Bildungsverlauf durch organisationale Mechanismen

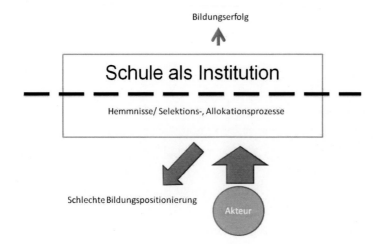

Wenn in Bildungsorganisationen Deutungshaushalte existieren, die Gelegenheiten legitimieren, bestimmte Populationen zu Gunsten der Normalitätserwartung der Organisationen zu benachteiligen, ergreifen Organisationen diese. Selektion und Allokation folgen so nicht dem meritokratischem Prinzip. Akteure die den Bildungsorganisationen keine Gelegenheit bieten, zugunsten von Normalitätserwartungen, verortet und ausgewählt zu werden, schaffen es, sich besser im deutschen Schulsystem zu positionieren. Hingegen SchülerInnen, an denen kulturdeterminierte Argumentationshaushalte angewendet werden können, bieten Gelegenheit, den Bedürfnissen nach Leistungshomogenität einer Organisation zum Opfer zu fallen (Abbildung 2).

Offen bleibt, warum einige Ethnien den Homogenisierungsprozessen von Organisationen öfter zum Opfer fallen als andere. So könnte man annehmen, es existieren unterschiedliche Wissensbestände zu den verschiedenen Ethnien. Wenn den Organisationen unterschiedliche Deutungshaushalte zur Verfügung stehen, haben sie für Handlungen, die die Rahmenbedingungen ihrer Aktivitäten normalisieren sollen, bei einigen Schülerpopulationen eher Gelegenheit als bei anderen.

Beide Perspektiven bieten im Moment wenige Erklärungsoptionen, die vorhandenen ethnischen Ungleichheiten bei den Bildungspositionierungen zu erklären. Es konnte gezeigt werden, dass sich die Bildungspositionierungen der Angehörigen verschiedener Ethnien voneinander unterscheiden und SchülerInnen mit verschiedenem ethnischen Migrationshintergrund vor unterschiedlichen Schwierigkeiten stehen, um sich im Bildungssystem zu positionieren. Da hinsichtlich der Bildungs- und Erziehungsleistungen jeweils Bildungsorganisationen und Akteure eingebunden sind, ist eine monodirektionale Ursachenallokation zu kurz gegriffen. Wahrscheinlicher ist ein Ursachenkomplex, bestehend aus Faktoren in den Bildungsorganisationen und den Merkmalen der Akteure. Bildungsungleichheiten der SchülerInnen verschiedener Ethnien könnten eher durch eine Perspektive erklärt werden, die beide Seiten berücksichtigt.

Das folgende Kapitel beschäftigt sich mit dem Stereotype Threat Ansatz. Steele und Aronson (1995) konnten einen Mechanismus aufdecken, mit dessen Hilfe sich die bis jetzt vorliegenden Befunde, in einen sinnvollen Zusammenhang bringen lassen. Sie konnten nachweisen, dass Angehörige einer sozialen Kategorie, zu der negative Stereotype existieren, einen Leistungseinbruch erfahren, wenn sie das Gefühl haben, dass diese Stereotype in Leistungsbewertungssituationen auf sie angewendet werden könnten. So soll im folgenden Kapitel untersucht werden, ob Stereotype Threat tatsächlich eine bessere Möglichkeit bietet, Bildungsungleichheiten der SchülerInnen verschiedener Ethnien zu erklären als die hier vorgestellten Ansätze.

4. Die Erklärung von Bildungsungleichheiten von SchülerInnen mit Migrationshintergrund durch Stereotype Threat.

Vorurteile und Stereotype sind Begriffe die oft nicht eindeutig Verwendung finden, so sollen diese im folgendem voneinander abgegrenzt werden. Im Anschluss daran wird dargestellt, was unter Stereotype Threat zu verstehen ist und wie sich dieser Ansatz mit den existierenden Ergebnissen deutscher Studien zum Thema Bildungsungleichheiten von SchülerInnen mit Migrationshintergrund in einen Zusammenhang bringen lässt.

4.1. Stereotype und Vorurteile

Stereotype und Vorurteile sind zwei Begrifflichkeiten die im Alltag oft synonym verwendet werden. Sie sind jedoch verschiedene Komponenten bei der Bewertung von alltäglichen Situationen. Vorurteile werden meist als wenig erwünscht gesehen, dabei helfen sie uns im Alltag mit unserer Umwelt umzugehen und Zeit zu sparen. "Wir müssen über Dinge, die wahrscheinlich auf die große Mehrheit einer Gruppe zutreffen (z.B. dass die meisten Menschen in England englisch sprechen), nicht bei jeder Begegnung wieder neu nachdenken, um zu entscheiden, wie wir unseren Gegenüber ansprechen sollen" (Mayer,Werth, 2008: S.378). Stereotype sind dabei, Inkorporiertes Wissen, über Menschengruppen, welches wenig reflektiert werden muss und auf Grund dessen wir zu Vorurteilen gelangen. Mayer und Werth beschreiben dies folgendermaßen: „Als Stereotype werden Wissensstrukturen bezeichnet, die die sozial geteilten Überzeugungen bezüglich der Merkmale enthalten, die eine Gruppe und ihre Mitglieder auszeichnen."(2008: S. 379)[7]. Stereotype haben einen engen Bezug zu einer sozialen Kategorie wie Geschlecht, Ethnie, etc..

Vorurteile können nur auf Grundlage vorhandener Stereotype erfolgen. Dabei legt die oben genannten Definitionen nahe, von institutionalisierten Wissenshaushalten zu sprechen oder von Institutionen zweiter Ordnung. Die Bildung dieser Wissenshaushalte geht mit der Neigung des Menschen einher, „…Menschen und Objekte in unserer Umwelt in eine einfache und überschaubare Menge von Kategorien einzuteilen. Wir gruppieren Menschen basierend auf wahrgenommenen Ähnlichkeiten und Unterschieden, denen wir soziale Bedeutsamkeit zuschreiben…. Kategorisierung bedeutet jedoch

---

[7] Dazu auch (Degner, Meiser, Rothemund, 2009: S.76)

nicht einfach nur ein Einordnen, sondern sie findet unter Ergänzung, Hervorhebung und Vernachlässigung von Informationen statt."(Degner, Meiser, Rothermund, 2009: S.76). Diese Wissenshaushalte entstehen durch vielfältige Lernprozesse, zum Beispiel durch Sozialisationseinflüsse. So können Betrachtungsweisen Einstellungen und vorhandene Stereotype durch Eltern oder Gleichaltrige an ihre Kinder beziehungsweise Gleichaltrige weitergegeben werden. Ebenso können bereits existierende Deutungshaushalte durch die Rezeption vorhandener Medien inkorporiert werden, wenn bestimmte Gruppen sozialer Kategorien dort stereotyp dargestellt werden. Aber auch durch eigene Erfahrung im Kontakt mit den betroffenen Gruppen, ob indirekt oder direkt, ist die Bildung von Stereotypen möglich (Degner, Meiser, Rothermund, 2009: S.77).

Da jedem Menschen mit Geburt Zugehörigkeiten zu sozialen Kategorien zugeschrieben werden, ist bei der Bildung von Wissenshaushalten über Angehörige sozialer Kategorien die eigene Zugehörigkeit nicht außeracht zu lassen. Dazu schreiben Mummendey, Kessler und Otten: „ Aus der Zugehörigkeit zur eigenen Gruppe und der Mentalen und affektiven Bedeutung dieser Zugehörigkeit erfahren wir unseren Platz in der Welt: Wer wir sind und wer wir nicht sind, wie wir sein wollen und wie wir nicht sein wollen."(2009:S.46). Wie unter diesen Bedingungen die Bildung von Stereotypen stattfindet, soll im nächsten Kapitel behandelt werden.

4.2. Soziale Kategorisierung, Fremdgruppe und Eigengruppe

Soziale Identität ist ein grundlegender Bestandteil von Menschen, der ihnen verrät, welchen Platz sie in der Gesellschaft haben. Diese soziale Identität basiert auf Differenzierung, sie teilt Menschen in Angehörige und nicht Angehörige bestimmter sozialer Kategorien. Um die Informationsvielfalt für die Akteure zu reduzieren, kommt es zur Vernachlässigung von existierenden Informationen. Somit: „…verstehen [wir] also die Wahrnehmung von Unterschiedlichkeiten als Effekt von sozialer Kategorisierung."(Mummendey, Kessler, Otten, 2009: S.46). Damit erleichtern sich Individuen die Erkennung, Angehöriger sozialer Kategorien.

Dabei gibt es einen Effekt der Eigengruppen-Bevorzugen: „…*Eigengruppen-Bias* [Hervorhebung i.O.]: Ungeachtet objektiver Informationen tendieren Individuen dazu, ihre eigene Gruppe im Vergleich zu Fremdgruppen zu bevorzugen, besser zu bewerten und besser zu behandeln." (Mummendey, Kessler, Otten, 2009: S.46).

Angehörige einer Gruppe tendieren dazu, eher jene Unterschiedlichkeiten wahrnehmen, die die Fremdgruppe in Relation zur Eigengruppe schlechter da stehen lassen. Meyer und Werth schreiben dazu: „Dabei handelt es sich um Urteilsverzerrungen, die dazu dienen, die eigene Gruppe positiv zu sehen und damit ein positives Selbstkonzept zu erreichen." (2008:S.408).

Stereotypen entstehen aufgrund der Neigung von Menschen, andere Menschen zu kategorisieren. Dies geschieht durch die Wahrnehmung von Unterschiedlichkeiten. Dabei werden eher jene Unterschiede wahrgenommen, die es den Personen ermöglicht eine Fremdgruppe negativer wahrzunehmen als die eigene Gruppe. Dies geschieht um ein positives Selbstkonzept aufrecht zu erhalten.

Institutionelle Diskriminierung oder soziale Diskriminierung ist Ergebnis von Vorurteilen auf Grund von Stereotypen. Diskriminierung setzt also Kategorisierung voraus. Anders als gängige Erklärungsperspektiven die Vorurteilsbildung und damit einhergehend Diskriminierung als Ursache von Bildungsungleichheiten von SchülerInnen mit Migrationshintergrund betrachten, setzt Stereotype Threat bereits bei der Wirkung existierender Stereotype sozialer Kategorien an und weist auf einen Zusammenhang zwischen sozialer Identität und Leistungsverminderung in Testsituationen hin.

4.3. Stereotype Threat

Steele und Aronson beschäftigten sich 1995 mit der Frage, warum schwarze in standardisierten Tests häufig schlechter abschnitten als weiße Studenten. Um dieser Frage nachzugehen, konzipierten sie eine Reihe von Experimenten, in der sie herausfanden, dass Schwarze wenn ihre ethnische Zugehörigkeit salient gemacht wurde, signifikant schlechter abschnitten als Weiße. Sie erzielten sogar schlechtere Ergebnisse als Schwarze in Kontrollgruppen. Die beiden Autoren schlossen daher auf einen wirkenden Prozess den sie Stereotype Threat nannten.

Im Jahr 2002 versuchen Steele, Spencer und Aronson diesen Prozess folgendermaßen zu definieren: „When a negative stereotype about a group one is part of becomes personally relevant, usually as an interpretation of one's behavior or an experience on is having, stereotype threat is the resulting sense that one can then be judged or treated in terms of stereotype or that one might do something that would inadvertently confirm it. Most often Stereotypes are seen to affect their targets through the discriminatory behavior and judgment of people who hold the stereotype. An implication of this definition, however, is that stereotypes can affect their targets even before they are translated into behavior or judgments."(S.389).

Stereotype Threat wirkt also bereits vor einer Urteilsbildung oder vor einer Diskriminierung. Es ist die Gefahr einem negativen Stereotyp, einer sozialen Kategorie, deren sich Personen zugehörig fühlen, zu entsprechen. Diese Gefahr, negativen Stereotypen entsprechen zu können, wirkt sich darin aus, dass Personen nicht mehr in der Lage sind ihre tatsächlich vorhandenen Fähigkeiten in Situationen in denen sie dieses Stereotyp bestätigen könnten, abzurufen. Dies kann dazu führen, dass diese negativen Stereotype für alle Beteiligten bestätigt werden.

„Stereotype Threat" beinhaltet weiterhin folgende Annahmen(Aronson, Spencer, Steele, 2002:S.389 f.):

1. „ Stereotype threat is a situational threat. It arises from situational cues signaling that a negative stereotype about one of one's social identities is now relevant as a possible interpretation for one's behavior and self in the setting."

2. "…stereotype threat is a general threat in the sense of its being experienced in some setting or another and at some time or another by virtually everyone."

3. "The nature of the threat … depends importantly on specific content of the negative stereotype. … And for each group, the threat, the, spotlight, would be felt in those situations to wich their group stereotype applies, but not in other situations."

„Stereotype Threat" kann nur in bestimmten Situationen auftreten, in denen Mitglieder verschiedener sozialer Kategorien, die über sie existierenden Wissenshaushalte, bestätigen könnten. Dieses Phänomen kann zum Beispiel bei Frauen, während mathematischen Leistungstest auftreten (Ben-Zeev, Fein, Inzlicht,2005). Oder aber auch: „Stereotype Threat kann jedoch auch die Leistung von Personen beeinträchtigen, über deren soziale Gruppe generell kein negatives oder auch ein positives Stereotyp besteht, wenn sie im Vorfeld Informationen erhalten, die eine schwache Leistung voraussagen."(Kira, Schofield, 2006: S.22). Es existieren Studien in denen amerikanischen Frauen asiatischer Herkunft entweder ihre ethnische Zugehörigkeit oder die Zugehörigkeit ihrer Geschlechtskategorie salient gemacht wurde. So schnitten diese, wenn sie sich als Zugehörige asiatischer Abstammung wahrnahmen, wesentlich besser ab als Vergleichsgruppen, jedoch wesentlich schlechter wenn ihnen vermittelt wurde, dass die Zugehörigkeit zur Kategorie Frau in der mathematischen Leistungssituation Relevanz besaß.

Die Wirkung von Stereotype Threat, hängt von folgenden Bedingungen ab (Steele, Spencer, Aronson, 2002: S.390 f.):

1. Von der Stärke und der Richtung der existierenden Stereotypen. Wenn bestimmte soziale Kategorien allgemein für humorvoller gehalten werden, wirkt sich dieses Stereotype nicht so sehr auf die Leistung der Personen aus, wie Wissenshaushalte die mit Sprachdefiziten auch unangemessenes soziales Verhalten assoziieren.

2. Weiter hängt die Stärke und die Richtung des Effektes durch Stereotype Threat damit zusammen, wie sehr sich eine Person mit der sozialen Kategorie die für sie Relevanz besitzen könnte identifiziert und wie sehr sich die Person mit dem Bereich identifiziert, zu dem negative Stereotype der relevanten sozialen Kategorie existieren. Der Grad der sozialen Identität und die Identifizierung mit dem relevanten Wirkungsbereich sind grundlegende Vorrausetzung für die Wirkung dieses Phänomens.

Als Moderatoren, die den Zusammenhang von existierenden Stereotypen und Leistungseinbußen beeinflussen, konnten verschiedene Variablen festgestellt werden. Zum einen legen Experimente mit unterschiedlichen Probanden nahe, dass der Einfluss existierender Stereotype auf die Leistungsfähigkeit davon abhängt, wie eine Situation wirkt. Die Bedrohung durch Stereotype wirkt am größten, wenn eine Situation als sehr schwierig oder die Leistungsbewertungssituation als Diagnostisch deklariert wird. Ebenso ist die Wirkung dieses Prozesses am größten, wenn in der Situation deutlich wird, dass negative Stereotype bekannt sind und die Leistungssituationen aus der Perspektive dieser Wissenshaushalte betrachtet werden könnte. Zum Beispiel wenn vor einem Test den Probanden mitgeteilt wird, dass zu erwarten ist, dass Angehörige einer bestimmten sozialen Kategorie schlechter abschneiden oder zumindest gravierende Probleme bei der Bewältigung der Leistungssituation haben werden (Steele, Spencer, Aronson 2002. S.391 ff.).

Zum anderen können auch situationsunabhängige Moderatorvariablen Einfluss auf die Wirkung durch Stereotype nehmen. Dies hängt davon ab, wie stark sich die Personen, über die negative Wissenshaushalte existieren, mit der wirkungsrelevanten Situation und der sozialen Kategorie identifizieren. Weiter kann auch das Stigma-Bewusstsein eine Rolle spielen, in wie fern sich existierende Stereotype auf die Leistungsfähigkeit auswirken. Die Stärke des Stigma-Bewusstseins richtet sich danach, wie sehr die Personen diskriminierende Erfahrungen gemacht haben und wie sehr sie davon betroffen waren (Steele, Spencer, Aronson 2002. S.394 ff.)[8].

4.4. Stereotype Threat und Bildungsungleichheiten von SchülerInneInnen mit Migrationshintergrund

Steele und Aronson konnten 1995 feststellen, dass wenn eine Situation Personen vermittelt, dass die individuelle Zugehörigkeit zu einer sozialen Kategorie sich auf die Bewertung der eigenen Leistung auswirken könnte, dies Einfluss auf ihre Leistungsfähigkeit in dieser Situation hat. So kann dies, in Abhängigkeit von Richtung und Stärke des existierenden Deutungshaushaltes, zu Leistungseinbrüchen oder zu Leistungsschüben bei den Akteuren führen. In ihrem letzten Experiment (1995), bei dem es um die Frage ging, wie leicht sich dieses Phänomen generieren lässt, wurden jeweils eine Gruppe Weißer- und Schwarzer-Probanden gebeten, vor dem Leistungstest Angaben zur ethnischen Zugehörigkeit zu machen. Bei der Gruppe der Schwarzen, die Angaben zu der ethnischen Zugehörigkeit machen mussten, konnte gegenüber allen anderen Gruppen ein signifikanter Leistungseinbruch gemessen werden (S.806 ff.). Wie passt die Wirkungsweise dieses Phänomens mit den hier untersuchten Ergebnissen zur Bildungsungleichheit von MigrantInnen zusammen?

Gomolla und Radtke (2007) stellten zum Beispiel fest, das Organisationen mit Wissenshaushalten vertraut sind, die mangelnde Sprachfertigkeiten mit sozial unangemessenem Verhalten assoziieren. Dieses Wissen scheint für SchülerInnen mit türkischem Migrationshintergrund stärker zu existieren als für Angehörige anderer Ethnien, da in den betrachteten Argumentationslinien vermehrt von türkischen SchülerInnen die Rede ist. Mayer und Werth schreiben: „Vorurteile und Stereotype sind natürlich nicht nur denjenigen bekannt, die sie *haben*[Hervorhebung i.O.], sondern auch denjenigen, die davon *betroffen*[dto.] sind. Sie sind sich dieser Stereotype unter Umständen sogar stärker bewusst als Nichtbetroffene."(2008: S.430). So könnte Stereotype Threat eine Antwort darauf geben wieso bestimmte Ethnien sich im Bildungssystem besser positionieren können als andere. Wenn SchülerInnen mit türkischem Migrationshintergrund sich dem existierenden Wissenshaushalt bewusst sind, der zum Beispiel mangelnde

---

[8] Die Ergebnisse hinsichtlich möglicher wirkender Mediatoren sind verschieden und nicht eindeutig. Hier scheinen verschiedene, innere Prozesse die Ursache für einen Leistungseinbruch oder eine –steigerung zu sein. Dies reicht von Angst Stereotypen zu entsprechen bis hin sich mit ihnen in Leistungssituationen in Gedanken auseinander zu setzen(Steele, Spencer, Aronson 2002. S.394 ff.).

Sprachfertigkeiten mit unangemessenen sozialen Verhaltensweisen assoziiert, könnte diese Gruppe Schwierigkeit haben, in Situationen in denen sie diese Stereotype bestätigen könnte, ihre tatsächliche Leistungsfähigkeit abzurufen. SchülerInnen anderer ethnischer Zugehörigkeit stehen nicht vor diesem Problem und könnten von einer Stereotyp Bedingung in Leistungssituationen wiederum profitieren, wenn die wirkenden Stereotype eine positive Richtung besitzen. Wie zum Beispiel, wenn Angehörige der Ethnie X als besonders gebildet, intellektuell oder begabt gelten.

So könnten auch die Befunde von Kristen eingeordnet werden. Die Autorin bringt die in ihrer Untersuchung gemessenen kognitiven Fähigkeiten[9] unterschiedlicher ethnischer Personengruppen mit deren Deutschnoten in Zusammenhang. Dabei zeigte sich das: "Bei gleichen Leistungen in den verschiedenen Testteilen schneiden sie um etwa eine viertel Note schlechter ab als ihre deutschen Mitschüler und Mitschülerinnen. Die Unterschiede erweisen sich in den Analysen zwar als nicht statistisch signifikant, allerdings muss die Signifikanz in Anbetracht der geringen Fallzahlen, insbesondere für die Gruppe der italienischen Kinder, vorsichtig bewertet werden. Insofern stellt sich die Frage, ob der verbleibende ethnische Nachteil bei der Deutschnote als Hinweis auf Diskriminierung zu deuten ist." (Kristen,2006: 89f.).

Auch wenn die Autorin darauf hinweist, dass diese Ergebnisse nicht signifikant sind, passen diese Ergebnisse eher zum Erscheinungsbild von Stereotype Threat. Die SchülerInnen haben in dieser Untersuchung neben Leistungstest in Deutsch und Mathematik auch sprachfreie Tests absolviert mit deren Hilfe die kognitive Leistung gemessen wurde. Unter der Berücksichtigung der Ergebnisse zur Leistungsfähigkeit der SchülerInnen gibt es hier jedoch immer noch einen Leistungsunterschied der nicht durch Kapitalausstattung inkorporierten kulturellen Kapitals zu erklären ist. SchülerInnen in diesen Situationen, in denen ihre Sprachfertigkeiten geprüft werden, könnten versuchen, - folgt man den Ausführungen zu Stereotype Threat - Deutungshaushalten nicht zu entsprechen, wie zum Beispiel: MigrantInnen haben Sprachprobleme. Dies wirkt sich darauf aus, dass sie schlechtere Leistung erbringen, weil sie versuchen, diesen Stereotypen nicht zu entsprechen. Dies führt dazu, dass die Stereotype bestätigt werden, für sie selber und für ihr Gegenüber.

Dies ist fatal, zumal die Wirkung von Stereotype Threat erst durch Identifikation mit der sozialen Kategorie und der relevanten Domäne zustande kommt. Um den eigenen Selbstwert zu schützen, kommt es dabei zu Mechanismen der *„Disidentifikation"*.

---

[9] Die kognitive Leistungsfähigkeit wurde durch sprachfreie Intelligenztests gemessen.

Steele beschreibt Disidentifikation folgendermaßen: „First, if the threat is experienced in the midst of a domain performance – classroom presentation or test-taking, for example- the emotional reaction it causes could directly interfere with performance. ... Second, when this threat becomes chronic in a situation, as for the woman who spends considerable time in a competitive, male-oriented math environment, it can pressure disidentification, a reconceptualization of self and one's values so as to remove the domain as a self-identify, as a basis of self-evaluation." (1997: S.614).

Disidentifikation ist ein Mechanismus, der dem Selbstschutz der Personen dient, wenn diese gehäuft Situationen ausgesetzt sind, die dem Selbstwert der Personen schaden könnten. So reagieren Akteure auf Situationen, in denen sie Stereotype Threat dauerhaft erfahren, mit einer Verringerung der Identifikation mit den wirkungsrelevanten Rahmenbedingungen. Dies kann entweder dazu führen, dass die Individuen sich in einem geringer werdenden Maße mit der Domäne, in der das Stereotype existiert, identifizieren oder sie verringern die Identifikation mit der sozialen Kategorie zu der dieses Stereotyp gehört.

Folgt man den Ausführungen, so sind auch die hohen Schulabbruchquoten von SchülerInnen mit Migrationshintergrund zu erklären. SchülerInnen mit Migrationshintergrund, die sich mit ethnischen Minderheiten identifizieren[10] und immer wieder mit Situationen konfrontiert sind in denen sie negative Stereotype bestätigen könnten, disidentifizieren sich demnach mit der Domäne „Bildung". Ob die SchülerInnen die Identifikation mit der Domäne oder der soziale Kategorie verringern, hängt von der Ausstattung individueller und strukturellen Faktoren ab wie Zhou (1999) sie anführt. Dies könnte erklären, warum eher SchülerInnen mit Migrationshintergrund ihren Bildungsweg ohne Abschluss beenden als Autochthone. Denn für die Bildungspositionierung spielt wie die Ergebnisse von Granato und Kristen zeigen, die Kapitalausstattung der Eltern eine wesentliche Rolle.

In dieser Studie konnte jedoch nicht geklärt werden, warum SchülerInnen mit verschiedener ethnischer Zugehörigkeit verschieden hohe Investitionen tätigen müssen um zur selben Bildungspositionierung zu kommen wie deutsche SchülerInnen. Betrach-

---

[10] An dieser Stelle möchte ich noch einmal auf die Ergebnisse von Zhou hinweisen: "If a socially defined racial minority group wishes to assimilate but finds that the normal paths of integration are blocked on the basis of race, the group may be forced to pursue alternative survival strategies that enable them to cope psychologically with racial barriers but do not necessarily encourage school success."(Zhou, 1999: 206). Reichen die von Zhou benannten individuellen und strukturellen Faktoren nicht aus, damit sich die Akteure in die Majoritätsgesellschaft integrieren (zur Verfügung stehende Ressourcen um Barrieren zu überwinden) können, wird die Minoritätskultur zur Lebensbewältigung wichtiger und damit einhergehend eine höhere Identifikation mit der sozialen Kategorie der Minderheit.

tet man dies aus der Perspektive des Wirkungsmechanismus „Stereotype Threat", könnte vorgebracht werden, dass sich die Höhe der zu tätigen Investitionen danach richtet, wie stark existierende Stereotype verschiedener Ethnien wirken und welche Richtung sie besitzen. Leider gibt es noch keine Studien, die untersuchen, ob sich Stereotype Threat zur Erklärung der ethnisch verschiedenen Bildungspositionierungen in Deutschland eignet. Im folgenden Kapitel soll Quais-Experimentell untersucht werden, ob Stereotyp Threat auch in Deutschland zu finden ist. Dies geschieht exemplarisch an SchülerInnen mit türkischem Migrationshintergrund.

5. Replikation der Studien von Steele und Aronson (1995) für ein deutsches Sample

Zu Beginn einer weiteren Untersuchung der Möglichkeiten und Reichweiten einer Perspektive, die Bildungsungleichheiten von MigrantInnen in Deutschland untersucht und dabei die Wirkung der Identifikation der SchülerInnen mit verschiedenen ethischen Minderheiten berücksichtigt, steht die Frage: *Lässt sich Stereotype Threat bei SchülerInnen mit Migrationshintergrund in Deutschland nachweisen?*

Dieser Prozess wirkt, da Stereotype hinsichtlich verschiedener sozialer Kategorien unterschiedliche Stärke und Wirkungsrichtungen besitzen, für SchülerInnen verschiedener ethnischer Zugehörigkeit unterschiedlich. SchülerInnen mit türkischem Migrationshintergrund besitzen die größten Schwierigkeiten sich im deutschen Bildungssystem zu positionieren (Auernheimer,2010; Bender-Szymanski,2007; Baumert et al.,2003; Diefenbach,2007, 2008; Granato,Kristen, 2007; Konsortium Bildungsberichterstattung im Auftrag der Ständigen Konferenz der Länder in der Bundesrepublik Deutschland und des Bundesministeriums für Bildung und Forschung 2006, 2010…). Aus der Stereotype Threat Perspektive lässt sich folgende Hypothese formulieren:

H1: SchülerInnen mit türkischem Migrationshintergrund sind weniger leistungsfähig, wenn eine Situation so wirkt, als ob die ethnische Zugehörigkeit bei der Leistungsbewertung eine Rolle spielt.

Stereotype Threat ist ein Interaktionseffekt, der auf Angehörige verschiedener Gruppen unterschiedlich wirkt. Um zu untersuchen, ob dieser Interaktionseffekt bei SchülerInnen mit türkischem Migrationshintergrund auftritt, muss diese Hypothese in zwei Arbeitshypothesen aufgeteilt werden. Die Ausgangshypothese trifft zu, wenn sich folgende Arbeitshypothesen in der Untersuchung bestätigen.

H1-1: SchülerInnen mit türkischem Migrationshintergrund unter Stereotyp Threat-Bedingung erbringen durchschnittlich schlechtere Leistungen in Leistungsbewertungssituationen als SchülerInnen mit türkischem Migrationshintergrund in stereotyp-freien Bedingungen.

H1-2: SchülerInnen ohne Migrationshintergrund erbringen in Leistungsbewertungssituationen durchschnittlich die gleiche Leistung unabhängig davon, ob ihre ethnische Zugehörigkeit für eine Leistungssituation relevant erscheint oder nicht.

Lässt sich nachweisen, dass SchülerInnen mit türkischem Migrationshintergrund unter Stereotyp-Threat-Bedingungen durchschnittlich schlechter in Leistungsbewertungssituationen abschneiden als Vergleichsgruppen[11], ist davon auszugehen, dass Stereotype Threat auch in Deutschland ein Erklärungsmodell für die unterschiedlichen Bildungspositionierungen und Leistungsfähigkeiten der Schüler mit Migrationshintergrund bilden kann.

5.1. Methode

Wenn Stereotype Threat eine Möglichkeit bietet, Bildungsungleichheiten von MigrantInnen in Deutschland besser zu erklären als existierende Ansätze, sollte dieser Interaktionseffekt leicht zu generieren sein. Angelehnt an die Studien von Steele und Aronson (1995) wird deshalb Studie vier, mit einigen Anpassungen für ein deutsches Sample wiederholt. Die Autoren benutzten eine simple Angabe zur Herkunft für die Konstruktion der Stereotypwirkenden Bedingung. H1-1 und H1-2 können so im vollen Umfang untersucht werden. Durch eine Anpassung des Studiendesign, wird explorativ nach möglichen Mediatorvariablen gesucht. Aus diesem Grund wird das Messinstrument zur Stereotypaktivierung aus Studie drei mit in das Untersuchungsdesign aufgenommen.

5.1.1. Untersuchungsdesign

Steele und Aronson wählten für Studie vier (1995: S.806) ein 2x2 Faktorendesign. Sie bildeten insgesamt vier Gruppen, je zwei Gruppen schwarzer und weißer Probanden. Dabei sollten jeweils eine Gruppe der schwarzen und weißen Probanden Angaben zu ihrer ethnischen Zugehörigkeit machen. Analog zu dieser Studie wurde ebenfalls ein 2x2 Faktorendesign gewählt. Die erste unabhängige Variable ist die Gruppenzugehörigkeit: Es wurden je zwei Gruppen deutscher SchülerInnen und zwei Gruppen SchülerInnen mit türkischem Migrationshintergrund gebildet. Je eine der Gruppen der deutschen SchülerInnen und eine der Gruppen der SchülerInnen mit türkischem Migrationshintergrund sollten sich vor Beginn der Leistungssituation intensiver mit ihrer Herkunft auseinander setzen, Stereotypaktivierung ist so die zweite unabhängige Variable die im Versuch manipuliert werden soll. Die Größe des Samples wurde abweichend zur Studie von Aronson und Steele größer gewählt.

---

[11] Vergleichsgruppen sind hier zum einen SchülerInnen mit türkischem Migrationshintergrund ohne Stereotyp Threat Bedingung und deutsche SchülerInnen in beiden Bedingungen.

Für den Vergleich der Samples gilt, dass SchülerInnen mit türkischem Migrationshintergrund in Deutschland und schwarze Studenten in Amerika sich in vielen Dimensionen voneinander unterscheiden, wie zum Beispiel hinsichtlich ihrer Migrationsgeschichte, Grad der Diskriminierung, Bildungsstand, etc.. Es kann daher nicht davon ausgegangen werden, dass die von den Autoren der Studie verwendeten Messinstrumente den Effekt Stereotype Threat und die damit zusammenhängenden Mediator- und Moderatorvariablen für das deutsche Sample ebenso scharf messen. Um die Wahrscheinlichkeit zu erhöhen, mit den in diesen Studien verwendeten Messinstrumenten Stereotype Threat nachzuweisen, sollte die Größe der Versuchsgruppen auf 88 TeilnehmerInnen verdoppelt werden. Insgesamt nahmen an dem Experiment jedoch nur 85 HauptSchülerInnen der Jahrgangsstufe acht und neun teil. 41 (weiblich 14, männlich 28) SchülerInnen ohne und 43 (weiblich 24, männlich 19) SchülerInnen mit türkischem Migrationshintergrund.

Die Gruppen der Probanden mit türkischem Migrationshintergrund und ohne Migrationshintergrund setzen sich aus dinslakener und hamminkelner HauptschülerInnen der achten und neunten Klasse zusammen. Die Auswahl der Probanden für die Gruppen der SchülerInnen mit türkischem Migrationshintergrund auf zwei verschiedene Schulen auszudehnen ist dem Umstand geschuldet, dass der Anteil der SchülerInnen mit türkischem Migrationshintergrund an den einzelnen Schulen zwar recht hoch ist, der Anteil der SchülerInnen mit türkischem Migrationshintergrund die bereit waren am Experiment teilzunehmen mit 23 TeilnehmerInnen jedoch zu gering war, um eine Gruppe mit circa 44 TeilnehmerInnen zu bilden.

Aufgrund der Verteilung der SchülerInnen mit Migrationshintergrund im deutschen Schulsystem, bietet es sich an, HauptschülerInnen als TeilnehmerInnen des Experimentes zu wählen. Bei einem TeilnehmerInnenfeld das sehr leistungsheterogen ist und sich aus TeilnehmerInnen unterschiedlicher Schulformen zusammensetzen würde, könnte der gesuchte Effekt verschwinden. Zum Beispiel dann, wenn es zu einer Häufung der gymnasialen SchülerInnen mit Migrationshintergrund in einer der beiden Gruppen kommt. Aufgrund der Selektionsmechanismen ist davon auszugehen, dass die Leistungsunterschiede zwischen HauptschülerInnen weniger gravierend sind, als zwischen GymnasiastInnen und HauptschülerInnen. Eignet sich Stereotype Threat zur Erklärung verschiedener Befunde hinsichtlich der ethnisch verschiedenen Bildungsleistung und Bildungspositionierung, müsste sich dieser Effekt auch bei HauptschülerInnen finden lassen. Ist dies der Fall, könnten auch die höheren Abbruchquoten verschiedener Ethnien erklärt werden.

Um eine mögliche Kopplung mit dem Stigma HauptschülerInnen zu vermeiden, wurde betont, dass es im Experiment nicht um die Messung von Leistungen geht, dies implizierte die Gefahr sinkender Motivation sich den schwierigen Testbedingungen zu stellen und das verfügbare kognitive Potential auf die Bewältigung der vorliegenden Leistungssituation zu konzentrieren. Um dieser Gefahr zu begegnen wurde den TeilnehmerInnen erläutert, dass unter den Besten 10 in jeder Schule, ein Einkaufgutschein in Höhe von 25 Euro verlost wird. So sollte sichergestellt sein, dass die Motivation besteht, am Experiment teilzunehmen und das die persönliche Leistungsfähigkeit im vollen Umfang zur Verfügung steht. Da die TeilnehmerInnen während des Experimentes keine Kenntnis von TeilnehmerInnen anderer Herkunft besaßen, sollte eine Wettbewerbssituation nur gegenüber TeilnehmerInnen gleicher Herkunft empfunden werden. Damit kann ausgeschlossen werden, dass eine mögliche Leistungsverminderung der Teilnehmer, auf die Wettbewerbssituation zwischen den TeilnehmerInnen verschiedener ethnischer Angehörigkeit zurückzuführen ist.

Seit 2007 findet jährlich die VERA 8 Lernstanderhebung in NRW statt, aus Datenschutzgründen konnten die involvierten Schulen jedoch keine Auskunft über die Ergebnisse der Probanden geben. Aus den gleichen Gründen konnten die Noten nicht zur Erfassung der Leistungshomogenität der Probanden erfasst werden. Um diese Störvariable und andere gleichmäßig auf die Gruppen zu verteilen, wurde eine Doppel-Blind-Situation gewählt. Eine zufällige Verteilung der TeilnehmerInnen auf alle Gruppen war nicht möglich, da geprüft werden sollte ob Angehörige einer bestimmten sozialen Kategorie auf einen bestimmten Stimulus verschieden von den übrigen Gruppen reagieren. Die Fragebögen zusammen mit dem Test wurden deswegen gemischt und in zufälliger Reihenfolge ausgeteilt. Die TeilnehmerInnen wussten so zu keiner Zeit, dass sie in unterschiedliche Gruppen eingeteilt wurden[12]. Ebenso wusste der Leiter des Experimentes zu keiner Zeit, welcher der TeilnehmerInnen welcher Gruppe angehörte.

Die Gruppen wurden so gestaltet, dass SchülerInnen mit türkischem Migrationshintergrund und deutsche SchülerInnen voneinander getrennt waren und zu keinem Zeitpunkt während der Untersuchung wussten, dass eine deutsche Gruppe oder eine Gruppe mit türkischem Migrationshintergrund ebenfalls am Experiment teilnahm. Das Experiment wurde mit vier Versuchsgruppen von 20 bis 22 TeilnehmerInnen durchgeführt. Es sollte untersucht werden, wie sich die unabhängigen Variablen Grup-

---

[12] Die Deutschen und die Teilnehmer mit türkischem Migrationshintergrund haben getrennt voneinander am Experiment teilgenommen. Sie wussten während des Experimentes nicht, dass eine Gruppe mit anderer ethnischer Zugehörigkeit existiert.

penzugehörigkeit und Stereotypaktivierung auf die abhängige Variable Leistungsfähigkeit auswirkt, dabei wurde die unabhängige variable Stereotypaktivierung manipuliert.

Aus organisatorischen Gründen der Schulen nahmen am Experiment auch Schüler teil, die weder der deutschen noch der Gruppe der SchülerInnen mit türkischem Migrationshintergrund zuzuordnen waren. So wurden in der Gruppe der Hauptschülerinnen mit türkischem Migrationshintergrund vier und in der Gruppe der deutschen Hauptschüler sieben TeilnehmerInnen aus dem Datensatz entfernt, da sie eine andere ethnische Zugehörigkeit aufwiesen als die deutsche oder türkische. In der Gruppe der türkischen Hauptschüler befanden sich jedoch keine deutschen TeilnehmerInnen und in der Gruppe der deutschen Hauptschüler keine mit türkischem Migrationshintergrund.

Nach dem Experiment wurde die eigentliche Absicht des Experimentes dargelegt und die Gefahr und Wirkung von Stereotype Threat erläutert. In diesem Zusammenhang wurde erklärt, dass davon auszugehen ist, dass einige TeilnehmerInnen nicht in der Lage waren ihre Fähigkeiten in vollem Umfang für die Leistungssituation zu nutzen und deshalb die Einkaufsgutscheine unter allen TeilnehmerInnen verlost werden.

5.1.2. Stereotypaktivierung

Die Situation wurde analog zu der von Steele und Aronson durchgeführten Studie als nicht diagnostisch vorgestellt. Den TeilnehmerInnen wurde erklärt, dass es sich um einen Test handelt, der sehr schwer und dessen Anliegen es ist, psychologische Prozesse in Leistungssituationen aufzudecken. Hier wurde die Moderatorvariable „schwierige Testsituation" gewählt, wie Steele Spencer und Aronson sie 2002 beschreiben. Diese Situation sollte für die Vermittlung zwischen unabhängigen und abhängiger Variable günstig wirken.

Alle TeilnehmerInnen wurden vor einem 30 minütigem Test gebeten, einen Fragebogen mit persönlichen Angaben auszufüllen. Dazu gehörten für alle unter anderem, Angaben zum Geschlecht, Alter, Anzahl der Geschwister, Taschengeld etc. (siehe Anlage I) zu machen. Jeweils eine Gruppe der SchülerInnen mit türkischem und eine Gruppe ohne Migrationshintergrund wurde darüber hinaus gebeten, detaillierte Auskunft zu ihrer Herkunft zu geben (In welchem Land hältst du dich die meiste Zeit des Jahres auf?, Sind deine Eltern in Deutschland geboren oder später eingereist?, etc. (Anlage I)). Die Manipulation der unabhängigen Variable Stereotypaktivierung, erfolgte durch die situationsabhängige Moderatorvariable: Relevanz der sozialen Kategorie in der Leistungssituation. Das detaillierte Fragen nach Herkunft der Eltern und Herkunft des Probanden, ethnisches Zugehörigkeitsgefühl etc. sollte so der Sensibilisierung der Teilnehmer für eine mögliche Relevanz ihrer Zugehörigkeit während des Experimentes dienen. Wenn Stereotype Threat bei der Gruppe der SchülerInnen mit türkischem Migrationshintergrund wirkt, die Angaben zu ihrer ethnischen Angehörigkeit und Herkunft machen sollte, müsste ein Leistungseinbruch zu beobachten sein, der signifikant verschieden ist von den durchschnittlichen Leistungsergebnissen der übrigen Gruppen.

Im Anschluss des Leistungstests wird, analog zur Studie vier von Steele und Aronson (1995: S.806) die Stereotypaktivierung gemessen. Die TeilnehmerInnen sollten auf einer Skala von 7(voll und ganz) bis 1(überhaupt nicht) bestimmen inwiefern acht verschiedene Aussagen auf sie zu treffen, wie zum Beispiel: „Manche Menschen denken wegen meiner Abstammung, dass ich geringere sprachliche Fertigkeiten besitze.", „Der Leiter des Experimentes erwartet aufgrund meiner Herkunft, dass ich schlechter bei dem Test abschneide." oder „Meine Herkunft hat keinen Einfluss darauf wie andere meine sprachlichen Fähigkeiten bewerten."(Anlage I). Wurde das Stereotype erfolgreich aktiviert müssten sich die Mittelwerte der Gruppe SchülerInnen mit türkischem Migrationshintergrund unter der Bedingung: Stereotypaktiviert, signifikant von den Mittelwerten der übrigen Gruppen unterscheiden.

5.1.3. Stereotype Threat Messung

Es wurden drei abhängige Variablen konstruiert die dazu dienten, die Leistungsfähigkeit der TeilnehmerInnen unter Stereotyp Threat Bedingungen zu messen. Zum einen die Gesamttestleistung, Testleistung Teil eins und Testleistung Teil zwei. Ist ein Leistungseinbruch bei einer der Gruppen zu verzeichnen so müsste er, um auf die Manipulation zurückführbar zu sein, in allen Testteilen zu finden sein.

Nach dem Fragebogen bekamen die Probanden 15 Minuten Zeit, den ersten Teil des Tests zu absolvieren. Dieser bestand aus 80 Wörtern, die verfremdet wurden. Die Aufgabe bestand darin, in 15 Minuten so viele Wörter wie möglich zu rekonstruieren. Um diese Wörter zu verfremden, wurden ihnen Buchstaben entnommen. Als Grundlage dieser Aufgabe, diente der Text „Die lange Berta", entnommen aus der VERA 8 Lernstanderhebung 2009. Bei diesem Text der im Rahmen der Lernstanderhebung verwendet worden ist, ist davon auszugehen, dass er für das Fähigkeitsniveau der SchülerInnen ab Klasse acht geeignet ist. So sollten den SchülerInnen die im Leistungstest verwendeten Worte vertraut sein und ihrem Fähigkeitsniveau entsprechen. Dem Text „Die lange Berta" wurden zufällig 60 Worte entnommen, die mindestens eine Länge von fünf Zeichen besaßen. Analog zur Studie drei von Aronson und Steele wurden für diesen Test weitere 13 Wörter verwendet die einen Bezug zum Stereotyp türkischer MigrantInnen besaßen und sieben Wörter die einen Bezug zu Selbstzweifel besaßen. Die Anzahl der gefunden Wörter ergibt die Testleistung des ersten Aufgabenteils.

Im Anschluss daran wurden den TeilnehmerInnen weitere 15 Minuten Zeit gegeben, vier Teilaufgaben der VERA 8 Lernstanderhebung zu lösen. In Kooperation mit den Lehrkräften wurden die vier Aufgaben so ausgewählt, dass sie mit entsprechenden Fähigkeiten in der vorgegebenen Zeit zwar zu lösen, diese aber sehr anspruchsvoll und für SchülerInnen mit durchschnittlichem Leistungsniveau an der Hauptschule sehr schwer zu bewältigen sind. Zusätzlich wurde die verfügbare Zeit dadurch eingeschränkt, dass die TeilnehmerInnen nach jeder Teilaufgabe, ihre Leistungen einschätzen sollten. Anhand der Handreichungen zu den VERA Lernstanderhebungen wurden die richtigen Antworten ermittelt. Für jede korrekte Antwort erhielten die TeilnehmerInnen einen Punkt. Die Summe der korrekten Teilaufgaben aus dem Aufgabenteil zwei ergibt die zweite Punktzahl des Leistungstest. Aus der Summe beider Teilergebnisse berechnet sich die Gesamttestleistung. Hat die Manipulation der unabhängigen Variable Stereotypaktivierung in Interaktion mit der unabhängigen Variable Gruppenzugehörigkeit einen Effekt auf die Leistungsfähigkeit der Gruppen der SchülerInnenInnen mit Migrationshintergrund, müsste die Gruppe der HauptschülerInnen mit türkischem Migrationshintergrund signifikant schlechtere Durchschnittsleistungen aufweisen als die übrigen Gruppen. Diese Leistungsunterschiede müssten darüber hinaus in allen drei abhängigen Variablen zu finden sein.

5.1.4. Messung der Richtung verschiedener Stereotype

Die Ergebnisse der Befragung der SozialpädagogikstudentInnen wurde über die Vorbereitung des Leistungstest hinaus genutzt, um zu untersuchen ob es sinnvoll ist, davon aus zu gehen das Stereotype über Angehörige unterschiedlicher Ethnien verschieden voneinander sind. Weiter wird untersucht ob diese Unterschiedlichkeit eine Richtung besitzt.

Steele und Aronson lassen in Studie drei, 50 PsychologiestudentInnen das Image von Schwarzen reflektieren. Abweichend dazu reflektierten 50 SozialpädagogikstudentInnen das Image türkischer Jugendlicher. Essentieller Bestandteil der deutschen sozialpädagogischen Ausbildung in Teilzeit an der Hogeschool van Arnhem en Nijmegen, ist die kritische Reflexion und Selbstreflexion. Die geschulte Fähigkeit zur kritischen Reflexion sollte so zu validen Ergebnissen bei der Beschreibung der Stereotype für die Gruppe türkischer Jugendlicher führen. Um diese Reflexionsfähigkeit zu initiieren wurde mit offenen Fragen nach der Beschreibung verschiedener Gruppen gefragt. Um eine Trennung von der generalisierten Kategorie Migrant in verschiedene ethnische Kategorien zu ermöglichen, wurde die Beschreibung für die verschiedenen Gruppen einzeln abgefragt. Die Studenten wurden gebeten folgende Fragen zu beantworten: „Wenn du an …. (deutsche Jugendliche, Jugendliche aus MigrantInnenfamilien, griechische…, türkische…) denkst, mit welchen Worten würdest du sie beschreiben?"(siehe Anlage II).

Zu Beginn wurde die Beschreibung im Zusammenhang eines erhöhten Generalisierungsniveaus abgefragt, in dem Majorität gegen Minorität gestellt wurde. Die erste Frage richtete sich auf die Beschreibung deutscher Jugendlicher, die zweite auf die Beschreibung von Jugendlichen aus MigrantInnenfamilien. Um auszuschließen, dass eine eventuelle negative Beschreibung der Gruppe Jugendliche aus MigrantInnenfamilien einfach auf die Gruppe der türkischen Jugendlichen übertragen wird, ist eine zwischen Kategorie gewählt worden.

Betrachtet man die günstige Bildungspositionierung von SchülerInnen mit griechischem Migrationshintergrund aus der Stereotype Threat Perspektive, so ist zu vermuten, dass für SchülerInnen mit griechischem Migrationshintergrund weniger negative Stereotype existieren. Diese Kategorie sollte sich eignen, um eine durch die Beschreibung von Jugendlichen aus MigrantInnenfamilien entstandene negative Einstellung zu neutralisieren. An dritter Stelle wird nach der Beschreibung griechischer und an vierter Stelle nach der Beschreibung türkischer Jugendlicher gefragt. Die Antworten, die hinsichtlich der Beschreibung der türkischen Jugendlichen gegeben werden, sollten so die Richtung der existierenden Stereotype dieser Gruppe wiedergeben. Die 13 meist genannten Attribute wurden, wie oben beschrieben, dem ersten Teil des Tests hinzugefügt und dienen als Messinstrument der Stereotyp Aktivierung.

In einem zweiten Schritt kann untersucht werden ob und wie sich die Beschreibungen der einzelnen Gruppen voneinander unterscheiden. Dazu werden die Antworten der offenen Fragen kategorisiert in: negativ, positiv und Restkategorie (neutral/ nicht zu zuordnen). Um Fehlinterpretationen der Antworten zu verringern, wurde die Kategorisierung durch den Untersuchungsleiter und einer Sozialpädagogikstudentin der Hogeschool van Arnhem en Nijmegen vorgenommen. Die Anzahl der positiven, negativen und übrigen Nennungen wurde so gemittelt. Wenn mit Stereotype Threat ethnische Unterschiede hinsichtlich Leistung und Bildungspositionierung erklärt werden kann, müssten die durchschnittliche Anzahl positiv beschreibender Wörter, die für griechische Jugendliche generiert wurden, höher sein als für türkische Jugendliche. Ebenso müsste die durchschnittliche Anzahl der negativ beschreibenden Wörter, die für griechische Jugendliche generiert wurden, niedriger sein als für türkische Jugendliche. Ist dies der Fall ist es sinnvoll zu prüfen, ob eine ähnliche Verteilung auch bei einer für die deutsche Bevölkerung repräsentativen Stichprobe zu finden ist.

5.2. Ergebnisse

Vorrangiges Ziel des Versuchsaufbaus ist, zu untersuchen ob der Effekt: Stereotype Threat, auch in Deutschland zu finden ist. Dies geschieht exemplarisch mit den Gruppen deutsche Hauptschüler und Hauptschülerinnen mit türkischem Migrationshintergrund. Die oben konstruierten Messinstrumente stellen einen ersten Versuch dar diesen Effekt messbar zu machen. Zuerst erfolgt eine Überprüfung der Hypothesen H1 – H1-2, anhand der abhängigen Variablen: Gesamtleistung, Testleistung Teil eins, Testleistung Teil zwei. In einem zweiten Schritt werden die Ergebnisse der Messinstrumente für verschiedene Mediatorvariablen analysiert. So soll festgestellt werden, ob die Messinstrumente in der Lage sind Mediatorvariablen zu finden die erklären können wie die unabhängigen Variablen auf die abhängigen Variablen wirken. Im letzten Teil werden die Ergebnisse der Befragung der Sozialpädagogikstudenten dargestellt und analysiert.

Insgesamt haben sechs SchülerInnen das Experiment vorzeitig abgebrochen. Den TeilnehmerInnen wurde vor Beginn des Experimentes erklärt, das mit einem Abbruch, die Gesamtleistung bei null liegt. Die Ergebnisse der betroffenen TeilnehmerInnen für die abhängigen Variablen: Gesamttestleistung, Testleistung Teil eins und Testleistung Teil zwei, haben für diese sechs Fälle den Wert null. Auffällig ist, dass fünf der sechs Probanden die das Experiment vorzeitig beendet haben, in der Gruppe der

SchülerInnen mit türkischem Migrationshintergrund zu finden sind, die sich vor Beginn der Testsituation intensiv mit ihrer Herkunft beschäftigen sollten. Ein weiterer Proband, der das Experiment vorzeitig beendete, befand sich hingegen in der Gruppe der SchülerInnen mit türkischem Migrationshintergrund die keine Angaben zu ihrer Herkunft machen brauchten. In den Gruppen der deutschen SchülerInnenInnen beendete niemand das Experiment vorzeitig.

Aus diesem Grund fehlen in sechs Fällen die Werte für die Messinstrumente der Mediatorvariablen und der Kontrollvariable. Eine zweifaktorielle Analyse der Kontrollvariable Stereotype Threat Aktivierung ergibt, dass sich die Mittelwerte nicht signifikant unterscheiden. Eine Reliabilitätsanalyse der Itembatterie ergibt ein Cronbachs Alpha von α=0,575. Die Itembatterie ist weniger geeignet die Aktivierung der Stereotyp Threat Bedingung zu messen. Diese Werte können jedoch Ursache der fehlenden Ergebnisse sein, die in der Gruppe der Hauptschüler mit Migrationshintergrund auftreten. Dies trifft ebenso auf die Messinstrumente zu, die für die Erfassung möglicher Mediatorvariablen konstruiert wurden. Reliabilitätsanalysen für die Messinstrumente ergeben für jedes Messinstrument ein Cronbachs Alpha kleiner 0,5. Eine explorative zweifaktorielle Varianzanalyse zeigt auch hier keine signifikanten Ergebnisse. Auf eine detaillierte Auswertung wird aus diesem Grund verzichtet.

5.2.1. Testergebnisse und Stereotype Threat

Die Testergebnisse wurden in drei Variablen festgehalten: Gesamtleistung, Leistung Teil eins, Leistung Teil zwei. Bei einer deskriptive Darstellung der Gesamtleistung der verschiedenen Gruppen (Abbildung 3; Tabelle 1) ist zu erkennen, dass sich die Gruppen hinsichtlich der Ausprägung ihrer mittleren Gesamtleistung in den verschiedenen Manipulationsstufen der unabhängigen Variable Stereotypaktivierung unterscheiden. Die Mittelwertdifferenz zwischen den deutschen Gruppen beträgt hier 0,09 Punkte, während die Mittelwertdifferenz zwischen den Gruppen der SchülerInnen mit türkischem Migrationshintergrund 10,33 Punkte beträgt. Eine Ähnliche Verteilung ergibt sich hinsichtlich der Ergebnisse des ersten und zweiten Teils (Anhang I). Die Gruppe der SchülerInnen mit türkischem Migrationshintergrund unter der Bedingung: Stereotyp aktiviert, schneidet hinsichtlich der türkischen Kontrollgruppe um rund 10 Punkte schlechter ab. Die Gruppe der deutschen SchülerInnen unter der Bedingung: Stereotyp aktiviert, schneidet dagegen um 0,09 Punkte besser ab als die deutsche Kontrollgruppe.

Tabelle 1 Gruppenmittelwerte der Gesamttestleistung der TeilnehmerInnen verschiedener Herkunft unter der Bedingung: Stereotyp aktiviert und Stereotyp nicht aktiviert

aktiviertes Stereotype	Gruppenzugehörigkeit	Mittelwert	Standardabweichung	N
Nein	deutsch	34,41	9,71	22
	türkisch	31,33	12,41	21
Ja	deutsch	34,50	9,04	20
	türkisch	21,00	12,30	22

Quelle: eigene Erhebung, Darstellung, Berechnung

Abbildung 3 Gruppenmittelwerte der Gesamttestleistung der TeilnehmerInnen verschiedener Herkunft unter der Bedingung: Stereotyp aktiviert und Stereotyp nicht aktiviert

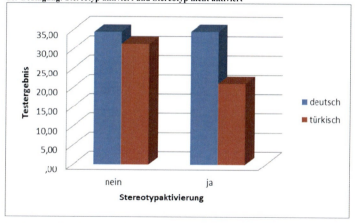

Quelle: eigene Erhebung, Darstellung, Berechnung

Eine explorative zweifaktorielle Varianzanalyse, die die Faktoren Gruppenzugehörigkeit und Stereotypaktivierung hinsichtlich der Ausprägung der abhängigen Variable Gesamtleistung untersucht, ergibt einen Interaktionseffekt der unabhängigen Variablen. Dabei ist der Effekt durch den Hauptfaktor Gruppenzugehörigkeit größer [$F(1,81[13])=12,064$, $p<0,05$] als der Interaktionseffekt: Gruppenzugehörigkeit und Stereotypaktivierung [$F(1,81)=4,771$, $p<0,05$]. Der Haupteffekt Stereotypaktivierung ist jedoch kleiner [$F(1,81)=4,606$, $p<0,05$] als der Effekt der Wechselwirkung. Für eine genauere Untersuchung der Wirkung der manipulierten UV: Stereotypaktivierung in

---

[13] Der erste Wert in der Klammer steht für den Freiheitsgrad des Faktors, der zweite Wert für den Freiheitsgrad der Stichprobenfehlerschätzung

den Gruppen deutsche und Hauptschüler mit türkischem Migrationshintergrund, bieten sich einfaktorielle Varianzanalysen an.

Zur Untersuchung der Hypothesen H1-1 und H1-2 werden einfaktorielle Varianzanalysen für die Gruppen HauptschülerInnen mit türkischem Migrationshintergrund und deutsche HauptschülerInnen gerechnet. Um H1 zu prüfen wird untersucht, ob sich die Mittelwerte der AV Gesamtleistung der ethnisch verschiedenen Gruppen hinsichtlich der Faktorenstufen der UV Stereotypaktivierung unterscheiden. H1 trifft zu, wenn die Arbeitshypothesen H1-1 und H1-2 wahr sind.

Sind die durchschnittlichen Ausprägungen der AV Gesamtleistung, Testleistung Teil eins, Testleistung Teil zwei, in der Gruppe der HauptschülerInnen mit Migrationshintergrund in der Bedingung Stereotypaktiviert, nicht signifikant schlechter als in der Kontrollgruppe, muss H1-1 verworfen werden. Die durchschnittliche Gesamtleistung der Gruppe unter Stereotyp Bedingung liegt bei 21 Punkten, die durchschnittliche Gesamtleistung der Kontrollgruppe dagegen bei 31,33 Punkten. Eine einfaktorielle Varianzanalyse ergibt, dass sich beide Gruppen hinsichtlich der durchschnittlichen Gesamtleistung signifikant unterscheiden [$F(1,41)=7,520$, $p<0,025$]. Die HauptschülerInnen mit türkischem Migrationshintergrund unter der Stereotyp Bedingung, erbringen insgesamt eine durchschnittlich schlechtere Leistung als HauptschülerInnen mit türkischem Migrationshintergrund in der Kontrollgruppe. Das gleiche trifft auf die AV Ergebnis Teil eins [$F(1,41)=5,068$, $p<0,025$] und die AV Ergebnis Teil zwei [$F(1,41)=15,365$, $p<0,01$] zu. Selbst wenn die Fälle, die das Experiment vorzeitig beendet haben nicht berücksichtigt werden, ergibt eine einfaktorielle Varianzanalyse, das HauptschülerInnen mit türkischem Migrationshintergrund insgesamt durchschnittlich schlechtere Gesamtleistungen unter Stereotypbedingungen erbringen als die türkische Kontrollgruppe [$F(1,37)=4,445$, $p<0,025$]. Damit bestätigt sich die Arbeitshypothese H1-1[14].

Sind die durchschnittlichen Ausprägungen der AV Gesamtleistung, Testleistung Teil eins, Testleistung Teil zwei, in der Gruppe der deutschen HauptschülerInnen unter der Bedingung: Stereotypaktiviert, nicht signifikant schlechter als in der Kontrollgruppe, wird die Arbeitshypothese H1-2 angenommen. Die Mittelwertdifferenz der Gesamtpunkzahl zwischen der deutschen Gruppe unter Stereotype Threat Bedingung und der deutschen Gruppe Kontrollgruppe, liegt bei 0,09 Punkten. Eine einfaktorielle Varianzanalyse ergibt, dass sich beide Gruppen in den durchschnittlichen Gesamtleistungsergebnissen nicht signifikant voneinander unterscheiden [[$F(1,40)=0,001$, $p>0,05$].

---

[14] Siehe Anhang I

Dies gilt ebenso für die AV: Ergebnis Teil eins [F(1,40)=0,013, p>0,05] und die AV: Ergebnis Teil zwei [F(1,40)=0,237, p>0,05] [115]. Die Arbeitshypothese H1-2 wird damit ebenso bestätigt.

Die Arbeitshypothesen H1-1 und H1-2 konnten bestätigt werden. Jedoch konnte eine erfolgreiche Aktivierung des Stereotyps nicht gemessen werden. So kann eine Entscheidung über H1 nicht schließend erfolgen. Störvariablen wurden zwar kontrolliert aber ob eine mögliche Relevanz existierender Stereotype für die Leistungssituation Ursache für den Leistungsabfall ist kann nicht geklärt werden. Denkbar sind Störvariablen die noch unbekannt sind. Wie zum Beispiel der Einfluss des Untersuchungsleiters während des Experimentes. Abweichend von der durch Steele und Aronson durchgeführten Untersuchung, war es aus organisatorischen Gründen nicht möglich die TeilnehmerInnen mit dem Test allein zu lassen. Dies galt jedoch für alle Gruppen, so dass dieser Einfluss als gleichverteilt gelten muss. Ebenso kann das Ergebnis dadurch entstanden sein, dass Schüler anderer Ethnien am Experiment teilnahmen. Festzuhalten ist, dass die Gruppe der HauptschülerInnen mit türkischem Migrationshintergrund unter Stereotype Threat Bedingung, heftige Reaktionen auf die Versuchsbedingungen zeigten. Fünf von sechs TeilnehmerInnen die das Experiment abbrachen befanden sich in dieser Gruppe. Diese fünf TeilnehmerInnen, verbalisierten kurz nach Beginn der Leistungssituation[16], dass sie ihre Chancen auf den Einkaufsgutschein als sehr gering einschätzten und die Anstrengung zur Bewältigung des Leistungstest daher als sinnlos betrachteten.

5.2.2. Richtung der Stereotype

Die Teilnehmenden SozialpädagogikstudentInnen der Hogeschool van Arnhem en Nijmegen wurden nicht unter dem Gesichtspunkten ausgewählt, Aussagen über Richtungen und Stärken verschiedener Stereotype zu untersuchen die auf die gesamt Population der deutschen Majoritätsgesellschaft übertragbar sind. Dennoch lassen sich die Nennungen wie in Punkt 5.2.6 kategorisieren, um explorativ zu untersuchen, ob es sinnvoll ist, davon auszugehen das Stereotype unterschiedlicher Ethnien in Wirkung und Richtung voneinander verschieden sind. Dazu werden die Mittelwerte der einzelnen Kategorien (positiv, negativ, neutral) für jede Gruppenzugehörigkeit in ein Diagramm übertragen.

---

[15] Siehe Anhang I
[16] Die ersten Äußerungen erfolgten ca. 3 Minuten nach Testbeginn. Der Fragebogen war zu dieser Zeit bereits ausgefüllt. Die Teilnehmer könnten dieses Verhalten also deswegen gezeigt haben, weil sie für eine mögliche Relevanz ihrer Herkunft sensibilisiert wurden.

Anhand der Richtung der Graphen lassen sich so erste Aussagen hinsichtlich der Plausibilität weiterer Hypothesen treffen.

Sieben der 50 StudentInnen, verweigerten die Beschreibung der verschiedenen Gruppen. Sie begründeten dies damit, dass sie keine Unterscheidungen auf Grund ethnischer Zugehörigkeit vornehmen wollen. Die Kategorisierung der Nennungen der übrigen 43 StudentInnen ergab die in Tabelle 2 abgebildeten mittleren Werte. In der Befragung wurde versucht eine mögliche Übertragung negativer Assoziationen von Jugendlichen aus Migrantenfamilien auf die Gruppe der türkischen Jugendlichen zu vermeiden, in dem eine Kontrastkategorie gewählt wurde. Es kann davon ausgegangen werden, dass eine mögliche negative Assoziationsrichtung nach der Benennung der Eigenschaften der Gruppe Jugendliche aus Migrantenfamilien durch die Kategorie griechische Jugendliche unterbrochen wurde, da die Häufigkeit der Nennung positiver wertender Wörter wesentlich höher liegt und die Häufigkeit der Nennung negativer Wörter wesentlich geringer ausfällt als bei den übrigen sozialen Kategorien. Betrachtet man die Anzahl der Nennungen in den verschiedenen Kategorien für türkische Jugendliche und Jugendliche aus Migrantenfamilien, lässt sich eine hohe Ähnlichkeit feststellen(siehe Anhang III). Dies könnte bedeuten, dass wenn von Migranten gesprochen wird türkische Jugendliche gemeint sind.

Auffällig ist die Gegenüberstellung der wertenden Äußerungen hinsichtlich der griechischen und türkischen Jugendlichen. Die Stereotype beider Kategorien sind von ihrer Richtung verschieden. Das Stereotyp griechischer Jugendlicher besitzt eine positive Richtung, da mehr positiv wertende als negativ wertende Assoziationen für diese Gruppe gefunden werden. Die Stereotype von türkischen Jugendlichen hingegen besitzt eine negative Richtung, da im Durchschnitt wesentlich mehr negativ als positiv wertende Assoziationen für diese Gruppe gefunden werden (Tabelle 2,Abbildung 4).

Tabelle 2 Mittlere Häufigkeit genannter positiver, negativer und neutraler Wörter für die Kategorien griechische und türkische Jugendliche

	Positiv	neutral	Negativ
deutsche Jugendliche	1,1860	,8605	2,5465
Jugendliche aus MigrantInnenfamilien	,7442	,8023	2,8488
griechische Jugendliche	1,4767	,5116	,7674
türkische Jugendliche	,7674	,9651	2,8140

Quelle: eigene Darstellung, Erhebung, Berechnung

Abbildung 4 Graphische Darstellung der mittleren Häufigkeit genannter positiver, negativer und neutraler Wörter für die Kategorien griechische, türkische und deutsche Jugendliche

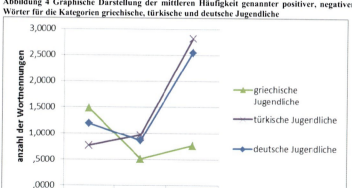

Quelle: eigene Darstellung, Erhebung, Berechnung

Ebenso auffällig ist der Vergleich der ethnischen Minderheiten mit den deutschen Jugendlichen. Zu türkischen Jugendlichen werden etwas häufiger negativ wertende Assoziationen genannt als zu deutschen Jugendlichen. Der umgekehrte Fall tritt bei einem Vergleich deutscher und griechischer Jugendlicher ein. Hier werden wesentlich seltener negativ wertende Assoziationen für griechische als für deutsche Jugendliche genannt. Hinsichtlich positiv wertender Nennungen werden für griechische häufiger positiv wertende Assoziationen genannt als für deutsche Jugendliche. Für türkische Jugendliche hingegen werden wesentlich weniger positiv wertende Assoziationen genannt als für deutsche.

Dieses Bild, in der Stereotype-Threat-Perspektive passt gut zu den Befunden von Granto und Kristen (2007:S.38). Verschiedenen Barrieren, in Form von Stereotypen unterschiedlicher Richtung und Stärke, könnten erklären warum Angehörige verschiedener Ethnien unterschiedlich hohe Investitionskosten zu tragen haben. Die Analyse der Ergebnisse der Befragung der SozialpädagogikstudentInnen ist nicht repräsentativ. Jedoch konnte gezeigt werden, dass eine nähere Untersuchung der Stärke und Wirkungsrichtung von Stereotypen sinnvoll und möglich ist.

6. Fazit

Die Untersuchung beschäftigte sich mit der Frage, ob Bildungsungleichheiten von Migranten erklärt werden können. Dazu wurden exemplarisch drei sehr verschiedene Erklärungsansätze herausgegriffen und ihre Erklärungsleistung untersucht. So konnte festgestellt werden, dass sich die untersuchten Erklärungsansätze in zwei verschiedene Perspektiven einordnen lassen, die Bildungsungleichheiten von Schülern mit Migrationshintergrund sehr einseitig betrachten. Zum eine werden Defizite oder eine mangelnde Passung der Schüler mit Migrationshintergrund und ihrer Eltern vermutet. Zum anderen werden die Ursachen für Bildungsungleichheiten in den Schulen verortet. An den hier vorgestellten Theorien konnte gezeigt werden, dass diese nur eine begrenzte Erklärungskraft und Reichweite besitzen. So werden entweder Einflüsse des Bildungssystems nicht beachtet oder die Wirkungsweise der sozioökonomischen Ausstattungen der Familien mit Migrationshintergrund. Dies führt zu einer sehr einseitigen Ursachenallokation des Phänomens und erschöpft sich darin, nur Aussagen für die übergeordnete Kategorie Schüler mit Migrationshintergrund generieren zu können. Ethnische Unterschiede der Leistungen und Bildungspositionierungen können hingegen nicht erklärt werden. So bleibt offen, warum Angehörige verschiedener Ethnien unterschiedlich von institutioneller Diskriminierung betroffen sind, warum Angehörige verschiedener Ethnien eine bessere Passung zum Schulsystem aufweisen als andere. Oder warum einige Ethnien höhere Investitionskosten tragen, wenn sie versuchen in die Bildung inkorporierten kulturellen Kapitals zu investieren. Die hier betrachteten Erklärungsansätze sind nicht in der Lage, Bildungsungleichheiten von SchülerInnen mit Migrationshintergrund zu erklären, weil SchülerInnen mit unterschiedlichem Migrationshintergrund verschiedene Probleme im Schulsystem haben und eine Generalisierung dieser Gruppen dazu führt das diese verschiedenen Problemlagen nicht erkannt und erklärt werden können.

Im Anschluss daran wurde untersucht, ob Stereotype Threat einen Ansatzbietet, Bildungsungleichheiten von SchülerInnen aus Migrantenfamilien besser zu erklären als die hier untersuchten Erklärungsansätze. Dieser Mechanismus besitzt unterschiedliche Wirkungsrichtungen, die davon abhängen ob sich Personen mit den Rahmenbedingungen identifizieren, in der Stereotype wirken können. Das schließt die Identifizierung mit der sozialen Kategorie und die wirkungsrelevante Domäne, zu der Stereotype existieren, ein. Wenn Stereotype hinsichtlich der Leistungsfähigkeit von Personen in verschiedenen Domänen existieren und sich die Akteure mit der sozialen Kategorie und Domäne identifizieren, kann dieser Prozess wirken. Das bedeutet zum Beispiel für schwarze Studenten die sich mit der schwarzen Ethnie identifizieren, dass sie ihre Leistungsfähigkeit in Leistungssituationen nicht im vollen Umfang abrufen können. Das bedeutet für amerikanische Frauen asiatischer Abstammung aber auch, dass sie in mathematischen Leistungssituationen zu größeren Leistungen in der Lage sind, wenn nicht die Zugehörigkeit zur sozialen Kategorie Frau relevant erscheint, sondern die Zugehörigkeit zur sozialen Kategorie Angehörige der asiatischen Ethnie.

Sind Angehörige verschiedener sozialer Kategorien dauerhaft mit negativen Stereotypen konfrontiert, die sich auf ihre Leistungsfähigkeit auswirken, greifen Akteure zu selbstschützenden Maßnahmen. Sie „Disidentifizieren" sich entweder mit der Stereotyp relevanten Domäne oder mit der relevanten sozialen Kategorie. Zhou(1999) eröffnet eine Perspektive, die vermittelt unter welchen Bedingungen Zugehörigkeit zu einer ethnischen Minderheit für Personen relevant wird. Sie führt hier individuelle (Bildung, Sprachfertigkeiten, Aufenthaltsdauer, etc.) und strukturelle Faktoren (Rassenzugehörigkeit, soziökonomischer Hintergrund der Familie etc.) an, die eine Neigung zur Identifikation mit der ethnischen Minderheit determinieren. Die erfahrene Bedrohung durch Stereotype hängt direkt von der Stärke der Identifikation mit der betroffenen sozialen Kategorie und der wirkungsrelevanten Domäne ab. Wenn individuelle und strukturelle Faktoren ungünstig ausgeprägt sind[17], verstärkt sich die Identifikation mit der ethnischen Minderheit und die Identifikation mit den wirkungsrelevanten Domänen sinkt. Eine Assimilation in die ethnische Minderheit birgt für die Akteure, unter diesen Voraussetzungen, größere Sicherheit und Chancen vertikaler Statusmobilität als die Assimilation in die Majoritätsgesellschaft. Dies würde bedeuten, dass SchülerInnen mit Migrationshintergrund, die sich auf Grund ungünstiger Ausprägungen individueller und struktureller Faktoren stärker mit der ethnischen Minderheit identifizieren, dazu neigen, bei dauerhafter Konfrontation mit Situationen in denen Stereotype Threat wirkt, die Identifikation mit der Stereotyp relevanten Domäne zu verringern.

Dies geschieht jedoch nicht nur auf Grund geringer Ressourcenausstattung, vielmehr ist dies als Wechselspiel zwischen existierenden Barrieren wie soziale-, institutionelle Diskriminierung, existierende negative Stereotype *und* vorhandenen nutzbaren, zur Verfügung stehende Ressourcen zu sehen. Dieses Wirkungsgefüge impliziert

---

[17] Eine Ausprägung die eine Assimilation in die ethnische Minderheit begünstigt wie: Sprachdefizite, erfahrene Diskriminierung, geringer soziökonomischer Hintergrund der Familie (Bildung der Eltern, wenig zur Verfügung stehende Resssourcen, etc.), strukturelle Benachteiligung (Einschränkung bei der Mitgestaltung des Lebensraumes), ethnisch Homogenes Netzwerk, etc.

für die Akteure eine Neigung oder Relevanz die Zugehörigkeit zu einer sozialen Kategorie zu betonen oder eben nicht.

Dabei wäre es fahrlässig, von einer Entscheidung der Betroffenen zu reden wie Ogbu es zum Beispiel vorschlägt. Er führt hier ein Kultur- Ökonomisches Modell(2008: S.12) an, das erklären soll wie schwarze SchülerInnen zu ihren Bildungsentscheidungen[18] gelangen. Aber gerade SchülerInnen haben einen geringen Einfluss darauf, mit welchen Ressourcen sie ausgestattet sind und in wie fern Diskriminierung gegenüber sozialen Kategorien und die Existenz negativen Stereotypen weiter bestehen. So ist die Entscheidung die Ogbu konstatiert, keine bewusste Entscheidung, sondern vielmehr eine Option, die durch verschiedene Faktoren vorstrukturiert ist und durch Stereotype Threat in den Personen als real erfahren wird. Weiter ist die Übertragung eines Modells oppositioneller Kultur fraglich, zwar reden Schrader et al (1979) von Kultur determinierten Verhaltensweisen, jedoch haben diese keinen oppositionellen Charakter. Hier wäre zum Beispiel zu prüfen, ob Individuen auf Grund der Aufrechterhaltung ethnisch determinierter Verhaltensweisen und damit zusammenhängend die Betonung der Identifizierung mit der relevanten ethnischen Minderheit, Vorteile wie zum Beispiel bessere Chancen[19] vertikaler Statusmobilität in den Minderheiten erhalten. So erklärt Stereotype Threat nicht nur Leistungsunterschiede zwischen den SchülerInnen verschiedener ethnischer Zugehörigkeit, sondern auch die hohen Schulabbruchsquoten verschiedener SchülerInnen mit Migrationshintergrund. Eine dauerhafte Konfrontation mit negativen Stereotypen im Bildungssystem kann unter den Umständen, wie sie von Zhou beschrieben werden, dazu führen, dass betroffene SchülerInnen die Identifizierung mit der Domäne Bildung soweit reduzieren, dass Bildung und Bildungszertifikate, wie sie vom Bildungssystem der Majoritätsgesellschaft zur Verfügung gestellt werden, weniger brauchbar erscheinen. Weniger brauchbar erscheinen die von der Majoritätsgesellschaft angebotenen Bildungszertifikate dann, wenn das im Bildungssystem vermittelte Wissen weniger relevant für erfolgreiche vertikale Statusmobilität in den Minderheiten ist.

So lässt sich auch erklären, warum Angehörige verschiedener Ethnien unterschiedlich Investitionskosten tragen müssen, um sich ähnlich wie deutsche SchülerIn-

---

[18] Ogbu geht davon aus, das schwarze SchülerInnen auf Grund von Diskriminierungserfahrungen oder fehlenden Diskriminierungserfahrungen und dem Druck der Minorität zu ihren Bildungsentscheidungen gelangen.
[19] Unter besseren Möglichkeiten, werden hier Sicherheit und höhere Chancen vertikaler Statusmobilität verstanden. Dabei ist anzunehmen, dass Majoritätsgesellschaften prinzipiell über mehr Ressourcen verfügen, als die Minoritätsgesellschaft. Hier geht es darum welcher Kontext den Personen den leichteren Zugang zu diesen besseren Möglichkeiten bietet.

nen mit gleicher Ressourcenausstattung im Bildungssystem zu positionieren. SchülerInnen verschiedener ethnischer Zugehörigkeit sind mit unterschiedlich starken Stereotypen konfrontiert, die darüber hinaus von ihren Wirkungsrichtungen verschieden sein können. Dies kann bei Angehörigen verschiedener ethnischer Minderheiten dazu führen, dass sie einen Mehraufwand betreiben müssen um den durch Stereotype Threat verursachten Leistungseinbruch zu kompensieren. Gleichzeitig bestätigen die, durch diesen Mechanismus verursachte Leistungseinbrüche, die Wahrnehmungshypothesen über verschiedene soziale Kategorien. Dies kann so zum Beispiel zu Schulübergangsentscheidungen führen, die an den Noten gemessen fair und plausibel erscheinen, jedoch ist dies insofern problematisch, da zu hinterfragen gilt, ob aufgrund von Stereotype Threat Wirkungen, Noten tatsächlich das Fähigkeitsniveau der SchülerInnen abbilden. Demnach wären Schulübergangsempfehlungen, die sich vor allem an den Noten der SchülerInnen mit Migrationshintergrund orientieren, fragwürdig. Das gleiche gilt für Lernstanderhebungen, wie VERA, PISA, TIMMS etc.. Schüler und Schülerinnen mit Migrationshintergrund könnten in diesen Leistungssituationen, je nach Zugehörigkeitsgefühl, mit Stereotype Threat konfrontiert sein. Können diese Lernstanderhebungen dann tatsächlich das Fähigkeitsniveau der Schülerinne und Schüler messen, oder reproduzieren sie nur eventuelle negative Stereotype und bestätigen damit zweiseitig existierende Wahrnehmungshypothesen.

Das Fatale an „Stereotype Threat" ist, dass Stereotype auf beiden Seiten bestätigt werden können. Für Bildungsorganisationen bedeutet das, dass Gelegenheiten zunehmen, Plausibilität und Legitimation gefallener Selektions- und Allokationsentscheidungen durch Attribuierung von kulturspezifischen Merkmalen zu erzeugen. Diese kulturdeterministischen Argumentationshaushalte werden durch Stereotyp Threat legitimiert und die Anwendung dieser Argumentationshaushalte wird dauerhaft als fair empfunden. Diese Situation strukturiert die Optionen der Schüler verschiedener ethnischer Angehörigkeit vor, der Grad wahrgenommener Diskriminierung und Stärke/Richtung existierender Stereotype stellen Barrieren dar, die durch Disidentifikation überwunden werden können. Dabei hängt von der Ausprägung verfügbarer Ressourcen ab, in welche Richtung die Überwindung dieser Barriere erfolgt.

1. Sind die Ausprägungen wichtiger Ressourcen ungünstig und sind die Akteure mit Stereotypen negativer Wirkungsrichtung dauerhaft konfrontiert, wird die empfundene Bedrohung durch Stereotype durch Disidentifikation mit der Wirkungsrelevanten Domäne reduziert.

2. Sind die Ausprägungen wichtiger Ressourcen günstig, und sind die Akteure dauerhaft mit Stereotypen negativer Wirkungsrichtung konfrontiert, wird die empfundene Bedrohung durch Stereotype durch Disidentifikation mit der relevanten sozialen Kategorie reduziert.

Der letzte Teil der Arbeit befasste sich mit der Frage: „Ist Stereotype Threat bei Schülern mit türkischem Migrationshintergrund zu finden?". Das Ergebnis des quasi-experimentellen Versuchsaufbau ist leider nicht eindeutig. Es wurde ein signifikanter Leistungseinbruch der durchschnittlichen Gesamtleistung im Leistungstest für die Gruppe der SchülerInnen mit türkischem Migrationshintergrund in der Stereotyp Bedingung gemessen. Darüber hinaus neigten die TeilnehmerInnen in dieser Gruppe überdurchschnittlich dazu, das Experiment abzubrechen. Aufgrund fehlender Werte konnte die erfolgreiche Manipulation der unabhängigen Variable: Stereotypaktivierung nicht eindeutig gemessen werden. Werden die Ergebnisse dieser Untersuchung mit denen der Studien von Steele und Aronson verglichen, ist festzustellen, dass sie sehr ähnlich sind. Ob jedoch die Stereotyp Bedingung ausschlaggebend für die Ergebnisse war, oder Störvariablen die nicht kontrolliert werden konnten, lässt sich nicht schließend beantworten.

Eine explorative Untersuchung der Antworten der deutschen SozialpädagogikstudentInnen legt die Formulierung folgender Hypothesen nahe:

H2: Mitglieder der Majoritätsgesellschaft generieren für Angehörige verschiedener ethnischer Herkunft, Stereotype die in Wirkungsrichtung und Stärke voneinander verschieden sind.

Werden die unterschiedlichen Investitionskosten von Schülern verschiedener ethnischer Zugehörigkeit betrachtet, könnten weitere Arbeitshypothesen gebildet werden. Eine weitere Untersuchung der Stereotype Threat Perspektive könnte versuchen für die Barrieren der verschiedenen Ethnien, einen Wert zu konstruieren, der möglicherweise in einem logistischen Regressionsmodell in der Lage ist, die unterschiedliche Höhe der Investitionskosten zu erklären.

Letztlich ist fraglich, ob Lernstanderhebungen tatsächlich in der Lage sind, dass Fähigkeitsniveau der SchülerInnen mit Migrationshintergrund zu erfassen. Darüber hinaus ist zu prüfen, ob Bildungsübergangsempfehlungen, die sich nur an den Noten orientieren, wirklich valide selektieren. Weiter ist festzuhalten, dass eine rein kompensatorische Pädagogik, wenn in weiteren Untersuchungen herausgestellt werden kann das Stereotype Threat für den hier festgestellten Leistungseinbruch der SchülerInnen mit türkischem Migrationshintergrund verantwortlich ist, nicht in der Lage ist, Defizite zu kompensieren. SchülerInnen mit Migrationshintergrund könnten durchaus ein gewünschtes Fähigkeitsniveau besitzen, aber durch verschiedene Bedingungen nicht in der Lage sein, diese in Leistungsbewertungssituationen auch im vollen Umfang abzurufen. Zur Kompensation könnten sich Maßnahmen anbieten, wie sie Steele Spencer und Aronson 2002 beschrieben. Auch ist ein Mentoren Program denkbar, dass der einfachen Annahme folgt das der beste Weg Stereotype zu begegnen der ist, eigene Erfahrung über Zugehörige anderer sozialer Gruppen zu sammeln. Den Problemen der Schüler und Schülerinnen verschiedener ethnischer Herkunft im Bildungssystem können nur dann mit Maßnahmen erfolgreich begegnet werden, wenn vorhandene Defizite kompensiert werden und darüber hinaus versucht wird, die Wirkung und/oder die Existenz von Stereotypen zu neutralisieren.

Literatur

Ahlmeyer, Uwe: Intercultural Mainstreaming – Strategie für eine gerechtere Gesellschaft; In: www.migration-boell.de; Url: http://www.migration-boell.de/downloads/diversity/Intercultural_ Mainstreaming.pdf, stand 21.06.2010

Alba, Richard: Bright vs. Blurred boundaries: second Generation Assimilation and exclusion in France, Germany and the United States. Ethnic and Racial Studies, January 2005 Vol. 28, Nr. 1; S. 20- 49

Albrow, Martin (1998): Auf dem Weg zu einer globalen Gesellschaft." In Ulrich Beck (Hrsg.). Perspektiven der Weltgesellschaft. Frankfurt/M.: Suhrkamp, S. 411- 434

Alexander, Kira; Schofield, Janet, Ward(2006): Stereotype Threat: Wie Reaktionen von SchülerInnen auf wahrgenommene negative Stereotype ihre Leistungen beeinträchtigen. In: Arbeitsstelle Interkulturelle Konflikte und gesellschaftliche Integration (AKI) Wissenschaftszentrum Berlin für Sozialforschung (WZB)(Hrsg): Migrationshintergrund, Minderheitenzugehörigkeit und Bildungserfolg; Forschungsergebnisse der pädagogischen, Entwicklungs- und Sozialpsychologie; AKI-Forschungsbilanz 5. Url: http://www.wzb.eu/ZKD/AKI/files/aki_forschungsbilanz_5.pdf (stand: 07.02.2010)

Auernheimer, Georg (Hrsg)(2010): Schieflagen im Bildungssystem; Die Benachteiligung der Migrantenkinder. Wiesbaden: VS Verlag für Sozialwissenschaften. 4. Auflage

Barth, F. 1969. Introduction; in F. Barth, Ethnic Groups and Boundaries. The Social Organisation of Cultural Difference. Oslo. Scandinavian S.: 9-38; Url.: http://www-alt.uni-greifswald.de/~histor/~osteuropa/schorkowitz/Barth,%20Frederik.pdf (stand: 29.05.2010)

Baumert, Jürgen; Watermann, Rainer; Schümer, Gundel(2003): Disparitäten der Bildungsbeteiligung und des Kompetenzerwerbs – Ein institutionelles und individuelles Mediationsmodell. Zeitschrift für Erziehungswissenschaften, 6. Jahrgang, Heft 1/2003, S 46- 72

Bundesministerium des Inneren, Bundesamt für Migration und Flüchtlinge(2007): Migrationsbericht. Url: http://www.bmi.bund.de/cln_165/SharedDocs/Downloads/DE/Broschueren/2008/migrationsbericht_2007.html (Stand: 30.05.2010)

Bourdieu, Pierre(1983): Ökonomisches Kapital, kulturelles Kapital, soziales Kapital. In: Kreckel, Rheinhard(Hrsg.): Soziale Ungleichheiten. Soziale Welt Sonderband 2, Göttingen 1983, S.183-198 URL: http://www.erzwiss.uni-hamburg.de/personal/lohmann/lehre/som3/bourdieu1992.pdf (stand: 07.02.2010)

Brüsemeister, Thomas(2008):Bildungssoziologie: Einführung in Perspektiven und Probleme. Wiesbaden: Verlag für Sozialwissenschaften

Degner, Juliane; Meiser, Thorsten; Rothermund, Klaus(2009): Kognitive und sozial-kognitive Determinanten: Stereotype und Vorurteile. In: Beelmann, Andreas; Jonas, Kai J.(Hrsg.): Diskriminierung und Toleranz. Wiesbaden: Verlag für Sozialwissenschaften. S. 76-93

Diefenbach, Heike (2008): Kinder und Jugendliche aus Migrantenfamilien im deutschen Bildungssystem. Erklärungen und empirische Befunde. 2., aktualisierte Auflage, Wiesbaden: VS Verlag für Sozialwissenschaften

Diefenbach, Heike (2007): Schulerfolg von ausländischen Kindern und Kindern mit Migrationshintergrund als Ergebnis individueller und institutioneller Faktoren. In: Bundesministerium für Bildung und Forschung (BMBF)(Hrsg.):Bildungsforschungsband 14. Bonn, Berlin. S. 43- 54. URL: https://bmbf-newsletter.de/pub/bildungsreform_band_vierzehn.pdf#page=27 (stand: 07.02.2010)

DiMaggio, Paul J.; Powell, Walter W. (2009): Das „stahlharte Gehäuse" neu betrachtet: Institutionelle Isomorphie und kollektive Rationalität in organisationalen Feldern. In: Koch, Sascha; Schemmann, Michael: Neo-Institutionalismus in der Erziehungswissenschaft Grundlegende Texte und empirische Studien. Wiesbaden: Verlag für Sozialwissenschaften. S.28- 56

Dollase, Rainer(2007): Kulturkonflikte oder ingroup-outgroup-Probleme? Zu den schulischen Einflüssen auf die „interkulturelle" Entwicklung von Kindern und Jugendlichen. In: Deutsche UNESCO-Kommission e. V.(Hrsg.): Migration als Herausforderung : Praxisbeispiele aus den UNESCO-Projektschulen / Deutsche Unesco- Kommission. Bonn : Dt. Unesco-Komm.: S. 197- 227. Url: http://www.wib-potsdam.de/upload/dateien/UNESCO-SchulenMigrationalsHerausforderung.pdf (Stand: 31.07.2010)

Franz, Wolfgang(2006): Arbeitsmarktökonomik. 6. vollständig überarbeitete Auflage, Berlin: Springer Verlag.

Fröhlich, Werner D.(1998): Wörterbuch Psychologie. 22 Auflage, München: DT Verlag.

Gogolin, Ingrid (2008): Die Chancen der Integrationsförderung und der Bildungserfolg der zweiten Generation. In: Bade, Klaus J./ Bommes, Michael/ Oltmer, Jochen (Hrsg.): Nachholende Integrationspolitik - Problemfelder und Forschungsfragen. Themenheft 34 der IMIS-Beiträge (Schriften des Instituts für Migrationsforschung und Interkulturelle Studien), S. 41-56

Gomolla, Mechtild und Frank-Olaf Radtke. Institutionelle Diskriminierung. Die Herstellung ethnischer Differenz in der Schule Wiesbaden. 2., durchgesehene und erweiterte Auflage. Wiesbaden, 2007. VS Verlag für Sozialwissenschaften

Gomolla, Mechthild(2010): Institutionelle Diskriminierung. Neue Zugänge zu einem alten Problem. In: Hormel, Ulrike; Scherr, Albert: Diskriminierung Grundlagen und Forschungsergebnisse. Wiesbaden: Verlag für Sozialwissenschaften. S.61- 93

Granato, Nadia; Kristen, Cornelia (2007): Bildungsinvestitionen in Migrantenfamilien. In: Bundesministerium für Bildung und Forschung (BMBF)(Hrsg.):Bildungsforschungsband 14. Bonn, Berlin. S.25- 42

Granato, Nadia; Kalter, Frank (2001): Die Persistenz ethnischer Ungleichheit auf dem deutschen Arbeitsmarkt. Diskriminierung oder Unterinvestition in Humankapital? Kölner Zeitschrift für Soziologie und Sozialpsychologie, 53. S. 497-520

Hradil, Stefan; Schiener, Jürgen (2005): Soziale Ungleichheit in Deutschland. 8. Aufl.,Nachdr. Wiesbaden: VS Verl. für Sozialwiss. (Lehrbuch).

Heckmann, Friedrich (1992): *Ethnische Minderheiten, Volk und Nation.* Stuttgart: Enke, Kapitel 4 „Zur Typologie ethnischer Minderheiten"

Hillmann, K.-H.(2007): Wörterbuch der Soziologie, Stuttgart: Kröner.

Isajiw, Wsevolod W.; Makabe, Tomoko (1997): Identitätswahrung und eigenethnische Familie, Schule und Nachbarschaft: Der kanadische Kontext unterschiedlicher Migrantengruppen. In: Nauck, Bernhard; Schönpflug, Ute(Hrsg.): Familien in verschiedenen Kulturen. Stuttgart: Enke

Kamaras, Endre(2003): Humankapital: Grund des Wachstums? Marburg: Techtum-Verlag.

Keller, Heidi(2008): Die Bedeutung kultureller Modelle für Entwicklung und Bildung: Sozialisation, Enkulturation, Akkulturation und Integration. In: IMIS- Beiträge, Heft 34, S. 103- 120

Koch, Sascha(2009): Die Bausteine neo-institutionalistischer Organisationstheorie – Begriffe und Konzepte im Laufe der Zeit.In: Koch, Sascha; Schemmann, Michael: Neo-Institutionalismus in der Erziehungswissenschaft Grundlegende Texte und empirische Studien. Wiesbaden: Verlag für Sozialwissenschaften. S.110- 131

Konsortium Bildungsberichterstattung im Auftrag der Ständigen Konferenz der Länder in der Bundesrepublik Deutschland und des Bundesministeriums für Bildung und Forschung (Hrsg.)(2006): Bildung in Deutschland. Ein indikatorengestützter Bericht mit einer Analyse zu Bildung und Migration. Bielefeld: Bertelsmann. Kapitel H: Bildung und Migration S. 137-179: Url: www.bildungsbericht.de oder http://www.bildungsbericht.de/daten/h_web.pdf (stand: 07.02.2010)

Konsortium Bildungsberichterstattung im Auftrag der Ständigen Konferenz der Länder in der Bundesrepublik Deutschland und des Bundesministeriums für Bildung und Forschung (Hrsg.), 2010: Bildung in Deutschland 2010. Ein indikatorengestützter Bericht mit einer Analyse zu Perspektiven des Bildungswesens im demografischen Wandel. Bielefeld: Bertelsmann. Kapitel D: Allgemeinbildende Schule und nonformale Lernwelten im Schulalter S. 61- 94: Url: www.bildungsbericht.de (stand: 07.07.2010)

Kristen, Cornelia(2003): Ethnische Unterschiede im deutschen Schulsystem. In: *Aus Politik und Zeitgeschichte B 21-22/ 2003 S.26- 32*

Kristen, Cornelia(2006): Ethnische Diskriminierung in der Grundschule?. Die Vergabe von Noten und Bildungsempfehlungen. In: KZfSS Kölner Zeitschrift für Soziologie und Sozialpsychologie, Volume 58, Nr.1. S.79-80.

Lexikon zur Soziologie: 4., grundlegend überarbeitete Auflage (2007)/ Hrsg. von Fuchs-Heinritz, Werner; Lautmann, Rüdiger; Rammstedt, Otthein; Wienold, Hanns unter Mitarb. von Barlösius, Eva; Klimke, Daniela; Stäheli, Urs; Weischer, Christoph. Wiesbaden: VS Verlag für Sozialwissenschaften

Löw, Martina(2006): Einführung in die Soziologie der Bildung und Erziehung. In: Krüger, Heinz-Herrmann(Hrsg): Einführungstexte Erziehungswissenschaft. Band 8., 2. Auflage; Opladen & Farmington Hills: Verlag Barbara Buderich.

Mayer, Jennifer; Werth, Lioba(2008): Sozialpsychologie. Berlin,Heidelberg: Springerverlag. S. 377- 437.

Mc Luhan, Marshall (1997): Die magischen Kanäle. In: Baltes, Martin; Böhler, Fritz; Höltschl, Rainer; Reuß, Jürgen; (Hrsg): Medien verstehen; Der McLuhan-Reader. Mannheim: Bollmann Verlag GmbH

Meyer, John W.; Rowan, Brian(2009): Institutionalisierte Organisationen. Formale Struktur als Mythos und Zeremonie. In: Koch, Sascha; Schemmann, Michael: Neo-Institutionalismus in der Erziehungswissenschaft Grundlegende Texte und empirische Studien. Wiesbaden: Verlag für Sozialwissenschaften. S.28- 56

Mummendey, Amélie; Kessler, Thomas; Otten, Sabine(2009): Sozialpsychologische Determinanten – Gruppenzugehörigkeit und soziale Kategorisierung. In: Beelmann, Andreas; Jonas, Kai J.(Hrsg.): Diskriminierung und Toleranz. Wiesbaden: Verlag für Sozialwissenschaften. S. 76-93

Münch, Richard (2004): Soziologische Theorie. Band 2: Handlungstheorie. Studienausgabe, Frankfurt/Main ; New York : Campus-Verlag

Münch, Richard (2004b): Soziologische Theorie. Band 3: Gesellschaftstheorie. Studienausgabe, Frankfurt/Main ; New York : Campus-Verlag

Nohl, Arnd-Michael (2006): Konzepte interkultureller Pädagogik: Eine systematische Einführung. Bad Heilbrunn: Verlag Klinkhardt

Ogbu, John (2008): Minority Status, Oppositional Culture and Schooling. New York: Routledge.

Radtke, Frank- Olaf(2004): Die Illusion der meritokratischen Schule. Lokale Konstellationen der Produktion von Ungleichheit im Erziehungssystem. In: IMIS- Beiträge, Heft 23, S. 143- 178

Riley, Denis(1992): CITIZENSHIP AND THE WELFARE STATE; In: Allen, John; Braham, Peter; Lewis, Paul (Hrsg.): Political and Economic Forms of Modernity: Understanding Modern Societies, Book 2; Cambridge: Polity Press in association with the Open University

Schrader, Achim; Nikles, Bruno,W.; Griese, Hartmut, M.(1979): Die Zweite Generation Sozialisation und Akkulturation ausländischer Kinder in der Bundesrepublik. 2. Auflage Königstein/Ts.: Athenäum Verlag.

Solga, Heike; Berger, A., Peter; Powell, Justin (2009): Soziale Ungleichheit. Klassische Texte zur Sozialstrukturanalyse. Frankfurt/Main: Campus-Verl. (Campus-Reader).

Soremski, Regina(2009): Das kulturelle Kapital der Migrantenfamilie: Bildungsorientierung der zweiten Generation akademisch qualifizierter Migrantinnen und Migranten. In: Nohl, Arnd- Michael, et al.(Hrsg.): Kulturelles Kapital in der Migration: Hochqualifizierte Einwanderer und Einwanderinnen auf dem Arbeitsmarkt. Wiesbaden: VS Verlag für Sozialwissenschaften. S. 52-64

Steele, Claude M. (1997): A Threat in the Air. How Stereotypes shape Intellectual Identity and Performance. American psychologist 52, 6: 613- 629, URL: http://www.nber.org/sewp/events/2005.01.14/Bios+Links/Krieger-rec5-Steele_Threat-in-the-Air.pdf (01.02.2010)

Steele, Claude M.; Aronson, Joshua(1995): Stereotype Threat and the Intellectual Test Performance of African Americans.URL: http://www.nber.org/~sewp/events/2005.01.14/Bios+Links/Good-rec2-Steele_&_Aronson_95.pdf (Stand: 01.02.2010)

Steele, Claude M.; Spencer, Steven J.; Aronson, Joshua; (2002): Contending with group image: The psychology of stereotype and social identity threat. In: Zanna, M. (Hrsg.): Advances in Experimental Social Psychology Vol. 37. Academic Press.

Waldinger, Roger, D.; Feliciano, Cynthia (2003): Will the new second generation experience "downward assimilation"? In: http://escholarship.org/uc/item/7r5074qg (Stand: 25.06.2010)

Walgenbach, Peter, 1999: Institutionalistische Ansätze in der Organisationstheorie. S. 319-353 in: Alfred Kieser (Hg.): Organisationstheorien (3. Auflage). Stuttgart/Köln/Berlin: Kohlhammer.

Weick, Karl E.(2009): Bildungsorganisationen als lose gekoppelte Systeme. In: Koch, Sascha; Schemmann, Michael: Neo-Institutionalismus in der Erziehungswissenschaft Grundlegende Texte und empirische Studien. Wiesbaden: Verlag für Sozialwissenschaften. S. 85- 109

Weiß, Anja(2001): „Rassimus als symbolisch vermittelte Dimension sozialer Ungleichheiten". In: Weiß, Anja; Koppetsch, Cornelia; Scharenberg, Albert; Schmidtke, Oliver (Hrsg.): „Klasse und Klassifikation. Die symbolische Dimension sozialer Ungleichheit".Wiesbaden: Westdeutscher Verlag. S. 79- 108

Wimmer, Andreas(2005): Ethnic Boundary Making Revisited. A Field Theoretic Approach. In: IMIS-Beiträge, Heft 27, S. 53- 70. Url: http://www.imis.uni-osnabrueck.de/pdffiles/imis27.pdf (Stand: 31.07.2010)

Zhou, Min(1999): Segmented Assimilation: Issues, Controversies, and Recent Research on the New Second Generation. In: Hirschman, Charles; Kasinitz, Philip; DeWind, Josh (Hrsg.): The Handbook of International migration: The American Experience. New York: Russel Sage Foundation. S. 196- 211

Anhang I

Zweifaktorielle Varianzanalyse der Faktoren Gruppenzugehörigkeit und Stereotypaktivierung hinsichtlich der abhängigen Variablen Gesamtleistung, Leistung Teil eins, Leistung Teil zwei.

Gruppenmittelwerte der Gesamttestleistung der Teilnehmer verschiedener Herkunft unter der Bedingung: Stereotyp aktiviert und Stereotyp nicht aktiviert

Deskriptive Statistiken

Abhängige Variable: Gesamtergebnis

aktiviertes Stereotype	Gruppenzugehörigkeit	Mittelwert	Standardabweichung	N
nein	Deutsch	34,4091	9,70841	22
	Türkisch	31,3333	12,40699	21
	Gesamt	32,9070	11,08369	43
ja	Deutsch	34,5000	9,03502	20
	Türkisch	21,0000	12,29789	22
	Gesamt	27,4286	12,72245	42
Gesamt	Deutsch	34,4524	9,27941	42
	Türkisch	26,0465	13,27539	43
	Gesamt	30,2000	12,16631	85

Zweifaktorielle Varianzanalyse für die abhängige Variable Gesamtergebnis

Quelle	Quadratsumme vom Typ III	df	Mittel der Quadrate	F	Sig.	Partielles Eta-Quadrat	Beobachtete Schärfeb
Korrigiertes Modell	2648,615	3	882,872	7,308	,000	,213	,980
Konstanter Term	77970,989	1	77970,989	645,443	,000	,888	1,000
stereotypaktiv	556,454	1	556,454	4,606	,035	,054	,564
Gruppe	1457,373	1	1457,373	12,064	,001	,130	,929
stereotypaktiv * Gruppe	576,385	1	576,385	4,771	,032	,056	,579
Fehler	9784,985	81	120,802				
Gesamt	89957,000	85					
Korrigierte Gesamtvariation	12433,600	84					

Gruppenmittelwerte der Leistung des ersten Testteils der Teilnehmer verschiedener Herkunft unter der Bedingung: Stereotyp aktiviert und Stereotyp nicht aktiviert

aktiviertes Stereotype	Gruppenzugehörigkeit	Mittelwert	Standardabweichung
nein	Deutsch	28,6364	9,24042
	Türkisch	25,6667	11,13253
Ja	Deutsch	28,9500	8,73875
	Türkisch	18,1364	10,80254

Anhang I

Zweifaktorielle Varianzanalyse für die abhängige Variable Teilergebnis eins

Quelle	Quadratsumme vom Typ III	df	Mittel der Quadrate	F	Sig.	Partielles Eta-Quadrat	Beobachtete Schärfeb
Korrigiertes Modell	1643,007	3	547,669	5,428	,002	,167	,926
Konstanter Term	54526,657	1	54526,657	540,377	,000	,870	1,000
stereotypaktiv	276,247	1	276,247	2,738	,102	,033	,373
Gruppe	1007,703	1	1007,703	9,987	,002	,110	,877
stereotypaktiv * Gruppe	326,357	1	326,357	3,234	,076	,038	,428
Fehler	8173,298	81	100,905				
Gesamt	64047,000	85					
Korrigierte Gesamtvariation	9816,306	84					

Gruppenmittelwerte der Leistung des zweiten Testteils der Teilnehmer verschiedener Herkunft unter der Bedingung: Stereotyp aktiviert und Stereotyp nicht aktiviert

aktiviertes Stereotype	Gruppenzugehörigkeit	Mittelwert	Standardabweichung
nein	Deutsch	5,6818	1,80967
	Türkisch	5,6667	2,68949
ja	Deutsch	6,0000	2,40613
	Türkisch	2,8636	1,95900

Zweifaktorielle Varianzanalyse für die abhängige Variable Teilergebnis zwei

Quelle	Quadratsumme vom Typ III	df	Mittel der Quadrate	F	Sig.	Partielles Eta-Quadrat	Beobachtete Schärfeb
Korrigiertes Modell	139,923	3	46,641	9,351	,000	,257	,996
Konstanter Term	2166,944	1	2166,944	434,429	,000	,843	1,000
stereotypaktiv	32,751	1	32,751	6,566	,012	,075	,716
Gruppe	52,682	1	52,682	10,562	,002	,115	,895
stereotypaktiv * Gruppe	51,674	1	51,674	10,360	,002	,113	,889
Fehler	404,030	81	4,988				
Gesamt	2689,000	85					
Korrigierte Gesamtvariation	543,953	84					

Anhang I

Einfaktorielle Varianzanalyse hinsichtlich der Wirkung der unabhängigen Variable Stereotypaktivierung getrennt für die Gruppen Schüler mit türkischem Migrationshintergrund und deutsche Schüler.

Hauptschüler mit türkischem Migrationshintergrund: einfaktorielle Varianzanalyse der unabhängigen Variable Stereotypaktivierung und der abhängigen Variablen: Gesamtergebnis, Ergebnis Teil eins und Ergebnis Teil zwei.

Deskriptive Statistiken

Abhängige Variable: Gesamtergebnis

aktiviertes Stereotype	Mittelwert	Standardabweichung	N
Nein	31,3333	12,40699	21
Ja	21,0000	12,29789	22
Gesamt	26,0465	13,27539	43

Tests der Zwischensubjekteffekte

Abhängige Variable: Gesamtergebnis

Quelle	Quadratsumme vom Typ III	df	Mittel der Quadrate	F	Sig.	Partielles Eta-Quadrat	Beobachtete Schärfeb
Korrigiertes Modell	1147,240	1	1147,240	7,520	,009	,155	,764
Konstanter Term	29425,938	1	29425,938	192,890	,000	,825	1,000
stereotypaktiv	1147,240	1	1147,240	7,520	,009	,155	,764
Fehler	6254,667	41	152,553				
Gesamt	36574,000	43					
Korrigierte Gesamtvariation	7401,907	42					

Deskriptive Statistiken

Abhängige Variable: Ergebnis erster Teil

aktiviertes Stereotype	Mittelwert	Standardabweichung	N
nein	25,6667	11,13253	21
ja	18,1364	10,80254	22
Gesamt	21,8140	11,48344	43

Anhang I

Tests der Zwischensubjekteffekte

Abhängige Variable:Ergebnis erster Teil

Quelle	Quadratsumme vom Typ III	df	Mittel der Quadrate	F	Sig.	Partielles Eta-Quadrat	Beobachtete Schärfeb
Korrigiertes Modell	609,254	1	609,254	5,068	,030	,110	,594
Konstanter Term	20614,928	1	20614,928	171,468	,000	,807	1,000
stereotypaktiv	609,254	1	609,254	5,068	,030	,110	,594
Fehler	4929,258	41	120,226				
Gesamt	26000,000	43					
Korrigierte Gesamtvariation	5538,512	42					

Deskriptive Statistiken

Abhängige Variable:Ergbenis zweiter Teil

aktiviertes Stereotype	Mittelwert	Standardabweichung	N
nein	5,6667	2,68949	21
ja	2,8636	1,95900	22
Gesamt	4,2326	2,71536	43

Tests der Zwischensubjekteffekte

Abhängige Variable:Ergbenis zweiter Teil

Quelle	Quadratsumme vom Typ III	df	Mittel der Quadrate	F	Sig.	Partielles Eta-Quadrat	Beobachtete Schärfeb
Korrigiertes Modell	84,417	1	84,417	15,365	,000	,273	,969
Konstanter Term	781,812	1	781,812	142,301	,000	,776	1,000
stereotypaktiv	84,417	1	84,417	15,365	,000	,273	,969
Fehler	225,258	41	5,494				
Gesamt	1080,000	43					
Korrigierte Gesamtvariation	309,674	42					

Anhang I

Hauptschüler mit türkischem Migrationshintergrund: einfaktorielle Varianzanalyse der unabhängigen Variable Stereotypaktivierung und der abhängigen Variablen: Gesamtergebnis. Ohne Berücksichtigung der Teilnehmer die das Experiment abgebrochen haben

Deskriptive Statistiken

Abhängige Variable:Gesamtergebnis

aktiviertes Stereotype	Mittelwert	Standardabweichung	N
nein	32,9000	10,38166	20
ja	27,1765	4,48937	17
Gesamt	30,2703	8,61410	37

Tests der Zwischensubjekteffekte

Abhängige Variable:Gesamtergebnis

Quelle	Quadratsumme vom Typ III	df	Mittel der Quadrate	F	Sig.	Partielles Eta-Quadrat	Beobachtete Schärfeb
Korrigiertes Modell	301,027	1	301,027	4,445	,042	,113	,536
Konstanter Term	33165,459	1	33165,459	489,729	,000	,933	1,000
stereotypaktiv	301,027	1	301,027	4,445	,042	,113	,536
Fehler	2370,271	35	67,722				
Gesamt	36574,000	37					
Korrigierte Gesamtvariation	2671,297	36					

Anhang I

Deutsche Hauptschüler: : einfaktorielle Varianzanalyse der unabhängigen Variable Stereotypaktivierung und der abhängigen Variablen: Gesamtergebnis, Ergebnis Teil eins und Ergebnis Teil zwei.

Deskriptive Statistiken

Abhängige Variable:Gesamtergebnis

aktiviertes Stereotype	Mittelwert	Standardabweichung	N
nein	34,4091	9,70841	22
ja	34,5000	9,03502	20
Gesamt	34,4524	9,27941	42

Tests der Zwischensubjekteffekte

Abhängige Variable:Gesamtergebnis

Quelle	Quadratsumme vom Typ III	df	Mittel der Quadrate	F	Sig.	Partielles Eta-Quadrat	Beobachtete Schärfeb
Korrigiertes Modell	,087	1	,087	,001	,975	,000	,050
Konstanter Term	49745,801	1	49745,801	563,641	,000	,934	1,000
stereotypaktiv	,087	1	,087	,001	,975	,000	,050
Fehler	3530,318	40	88,258				
Gesamt	53383,000	42					
Korrigierte Gesamtvariation	3530,405	41					

Abhängige Variable:Ergebnis erster Teil

aktiviertes Stereotype	Mittelwert	Standardabweichung	N
nein	28,6364	9,24042	22
ja	28,9500	8,73875	20
Gesamt	28,7857	8,89652	42

Anhang I

Tests der Zwischensubjekteffekte

Abhängige Variable: Ergebnis erster Teil

Quelle	Quadratsumme vom Typ III	df	Mittel der Quadrate	F	Sig.	Partielles Eta-Quadrat	Beobachtete Schärfeb
Korrigiertes Modell	1,031	1	1,031	,013	,911	,000	,051
Konstanter Term	34741,031	1	34741,031	428,367	,000	,915	1,000
stereotypaktiv	1,031	1	1,031	,013	,911	,000	,051
Fehler	3244,041	40	81,101				
Gesamt	38047,000	42					
Korrigierte Gesamtvariation	3245,071	41					

Deskriptive Statistiken

Abhängige Variable: Ergebnis zweiter Teil

aktiviertes Stereotype	Mittelwert	Standardabweichung	N
nein	5,6818	1,80967	22
ja	6,0000	2,40613	20
Gesamt	5,8333	2,09432	42

Tests der Zwischensubjekteffekte

Abhängige Variable: Ergebnis zweiter Teil

Quelle	Quadratsumme vom Typ III	df	Mittel der Quadrate	F	Sig.	Partielles Eta-Quadrat	Beobachtete Schärfeb
Korrigiertes Modell	1,061	1	1,061	,237	,629	,006	,076
Konstanter Term	1429,632	1	1429,632	319,877	,000	,889	1,000
stereotypaktiv	1,061	1	1,061	,237	,629	,006	,076
Fehler	178,773	40	4,469				
Gesamt	1609,000	42					
Korrigierte Gesamtvariation	179,833	41					

Fragebogen: Experiment Vorbereitung

Hallo, Danke das du dir kurz Zeit nimmst die folgenden acht Fragen zu beantworten.

Im Folgenden sollst du über einige Bevölkerungsgruppen nachdenken und dann spontan aufschreiben was dir dazu einfällt. Bitte benutze prägnante Wörter oder kurze Stichpunkte.

1. Wenn du an deutsche Jugendliche denkst, mit welchen Worten würdest du sie beschreiben?

2. Wenn du an Jugendliche aus Migrantenfamilien denkst, mit welchen Worten würdest du sie beschreiben?

3. Wenn du an griechische Jugendliche denkst, mit welchen Worten würdest du sie beschreiben?

Anhang II

```
Fragebogen: Experiment Vorbereitung   Seite 2
```

4. Wenn du an türkische Jugendliche denkst, mit welchen Worten würdest du sie beschreiben?

Die Hälfte ist geschafft! Bitte denke jetzt darüber nach welchen Freizeitaktivitäten die folgenden Bevölkerungsgruppen wohl am liebsten nachgehen. Schreibe wieder ganz spontan deine Einfälle auf. Bitte beschränke dich auf 20 Worte oder Stichpunkte.

5. Welchen Freizeitaktivitäten würden deutsche Jugendliche am liebsten nachgehen?

6. Welchen Freizeitaktivitäten würden Jugendliche aus Migrantenfamilien am liebsten nachgehen?

Anhang II

Fragebogen: Experiment Vorbereitung   Seite 3

7. Welchen Freizeitaktivitäten würden griechische Jugendliche am liebsten nachgehen?

8. Welchen Freizeitaktivitäten würden türkische Jugendliche am liebsten nachgehen?

Danke für deine Zeit!

Anhang II

Fragebogen: Demographie

Danke dass du dir Zeit genommen hast den Fragenkatalog zu bearbeiten, wir haben es fast geschafft.
Jetzt benötigen wir nur noch einige Angaben zu deiner Person. Wir erheben keine Namen oder Adressen, alles bleibt anonym.

1. Geschlecht (zutreffendes bitte ankreuzen)
   - a ☐ weiblich
   - b ☐ männlich

2. Wie alt bist du?
   _____ Alter

3. Wieviele Geschwister hast du?
   _____ Personen

4. Wie viele Personen leben ständig in deinem Haushalt, dich selbst eingeschlossen?
   Denk dabei bitte auch an alle im Haushalt lebenden Kinder.
   _____ Personen

5. Deine Eltern sind: (bitte zutreffendes ankreutzen)
   - A ☐ alleinstehend
   - B ☐ verheiratet
   - C ☐ verwitwet
   - D ☐ geschieden

6. Wie viele Beschäftigungsverhältnisse in abhängiger Beschäftigung hast du? (zutreffendes bitte ankreuzen)
   - A ☐ Eins
   - B ☐ Zwei
   - C ☐ Mehr als zwei
   - D ☐ Nicht abhängig beschäftigt

7. Bist Du (zusätzlich) selbständig oder freiberuflich tätig? (zutreffendes bitte ankreuzen)
   - a ☐ Ja
   - b ☐ Nein

8. Wie viele Stunden bist du insgesamt pro Woche erwerbstätig? Bitte nenne die regelmäßig geleisteten Arbeits-Stunden insgesamt.
   _____ Arbeitsstunden Insgesamt

9. Wie hoch ist dein Monatsnettoeinkommen? (zutreffendes bitte ankreuzen)
   - A ☐ unter 400 Euro
   - B ☐ 400 bis unter 750 Euro
   - C ☐ 750 bis unter 1 500 Euro
   - D ☐ 1 500 bis unter 2 500 Euro
   - E ☐ 2 500 bis unter 3 000 Euro ☐

10. Wie hoch ist das Monatsnettoeinkommen in dem Haushalt in dem du lebst? (Einkommen aller im Haushalt lebenden Personen) (zutreffendes bitte ankreuzen)
    - A ☐ unter 1250 Euro
    - B ☐ unter 2000 Euro
    - C ☐ unter 3000 Euro
    - D ☐ unter 4000 Euro
    - E ☐ unter 5000 Euro
    - F ☐ unter 6000 Euro
    - G ☐ über 6000 Euro

11. In welchem Land befindet sich dein ständiger Wohnsitz?
    _____

12. In welchem Land wurdest du geboren?
    _____

13. Besitzt du die deutsche Staatsbürgerschaft? (zutreffendes bitte ankreuzen, bei nein bitte weiter mit Frage 15)
    - a ☐ Ja
    - b ☐ Nein

14. Wie wurde die deutsche Staatsbürgerschaft erworben?
    - A ☐ durch Geburt
    - B ☐ durch Einbürgerung

15. Bitte gib das Geburtsland deiner Mutter an.
    _____

Anhang II

Fragebogen: Demographie   Seite 2

16. Bitte gib das Geburtsland deines Vaters an.

   _____

17. Bitte gib das Jahr an, in dem du nach Deutschland eingewandert bist. (falls unzutreffend Bitte weiter mit Frage 15)
   _____ Jahr

18. Bitte gib das Jahr an in dem deine Eltern eingewandert sind.
   _____ Jahr

19. Viele Menschen nehmen dich vielleicht nicht als deutsche(n) wahr, weil dein Geburtsland (oder das deiner Eltern) nicht Deutschland ist.
   Welcher Nationalität fühlst DU dich eher zugehörig, der deines Geburtslandes (bzw. dem deiner Eltern) oder der deutschen Nationalität.

   _____
   _____

Anhang III

Lagemaße genannter positiver, negativer und neutraler Wörter für die Kategorien griechische, türkische, deutsche und Jugendliche aus Migrantenfamilien

	N	Spannweite	Minimum	Maximum	Mittelwert	Standardabweichung
deutsch positiv	43	4,00	,00	4,00	1,1860	1,32747
deutsch neutral	43	4,00	,00	4,00	,8605	1,03121
deutsch negativ	43	7,50	,00	7,50	2,5465	1,70369
migrant positiv	43	4,00	,00	4,00	,7442	1,01402
migrant neutral	43	4,50	,00	4,50	,8023	1,05300
migrant negativ	43	8,00	,00	8,00	2,8488	2,14514
griechisch positiv	43	9,00	,00	9,00	1,4767	2,03526
griechisch neutral	43	2,50	,00	2,50	,5116	,67690
griechisch negativ	43	7,50	,00	7,50	,7674	1,66672
tuerkisch positiv	43	5,00	,00	5,00	,7674	1,26467
türkisch neutral	43	4,00	,00	4,00	,9651	1,10408
türkisch negativ	43	8,00	,00	8,00	2,8140	2,19855
Gültige Werte (Listenweise)	43					

Graphische Darstellung der mittleren Häufigkeit genannter positiver, negativer und neutraler Wörter für die Kategorien deutsche Jugendliche und Jugendliche aus Migrantenfamilien

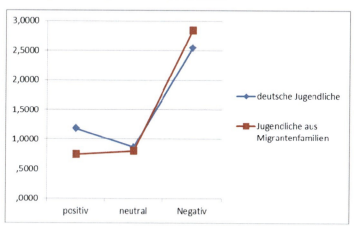

Anhang III

Graphische Darstellung der mittleren Häufigkeit genannter positiver, negativer und neutraler Wörter für die Kategorien griechische, türkische und deutsche Jugendliche

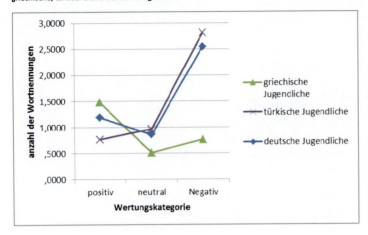

Graphische Darstellung der mittleren Häufigkeit genannter positiver, negativer und neutraler Wörter für die Kategorien Jugendliche aus Migrantenfamilien und türkische Jugendliche

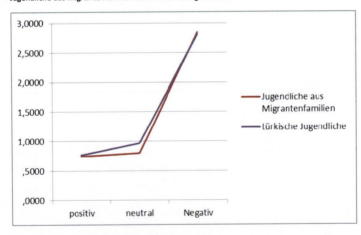